JN117041

「強さ」と「温かさ」
人を惹きつける
心理術

人の心は一瞬でつかめる

ジョン・ネフィンジャー
マシュー・コフート
熊谷小百合 訳

あさ出版

本書に寄せられた称賛の声

「本書は、なぜ我々が人々の心をうまくつかめないのかを教えてくれるだけでなく、イメージアップのための具体的なアドバイスも与えてくれる。影響力を最大限に高めたいリーダーにとって必読の書である」

アート・マークマン、テキサス大学教授

『スマート・シンキング』（早川　麻百合　訳、阪急コミュニケーションズ、二〇一三年）、『Habits of Leadership』の著者

「本書は、単なる通俗心理学の本ではない。人物評価に関する最新の画期的な知見を伝えてくれる、最初の本である。さらに、この本はそうした知見を、シンプルで実用的なアドバイスの形で提供している。それらのアドバイスに従えば、誰もがオフィスや家庭において、より円滑な人間関係を築くことができるようになるだろう。

彼らがこの本を書いてくれて本当に良かったと思うおかげで、私自身がそれを書く必要はなくなったからだ」

エイミー・カディ、ハーバード・ビジネス・スクール准教授

「人間の心理の面白さを、これほど感じさせる本が他にあるだろうか。本書は、信頼性と娯楽性の両方を兼ね備えている。コフートとネフィンジャーは、スピーチから恋愛に至るまで、あらゆる場面において我々を成功へ導いてくれるだろう。まさに魅力にあふれた一冊だ」

ジョセフ・S・ナイ・ジュニア

ハーバード大学教授、『リーダー・パワー』（北沢格訳、日本経済新聞出版社、二〇〇八年）の著者

「ネフィンジャーとコフートは、あらゆる重要トピックを解き明かす統一理論によって、読者に驚きを与えてくれる。この本を読んだ人々は、同僚や恋人から政治家や有名人に至るまで、全ての人々に対する評価を見直すことになるだろう」

エイミー・アーゲットシンガー

『ワシントン・ポスト』コラムニスト

「ジョン・ネフィンジャーとマシュー・コフートのおかげで、人々を動かし、心をつかむ方法についての理解がかなり深まったように思う。この本は、あなたの人生を変える可能性を秘めた、魅力の尽きないものである」

リン・オルソン

『Those Angry Days and Citizens of London』の著者

「ネフィンジャーとコフートは、成功者がいかにさまざまな可能性を探り、危険を切り抜け、成功を手に入れているかを見事に説明している」

リズ・コールマン

ベニントン大学学長

「本書には、自己アピールの改善法に関する実践的なアプローチが満載である」

シェリル・ストラウス・アインホーン

コロンビア・ビジネス・スクール非常勤教授

はじめに――あなたは人からどう見られているか？

今から15年前、筆者がハーバード大学の教職員のためにスピーチを書いたり、論文の編集をしたりしていた頃、あるテーマが話題に上るようになりました。

「入ってきただけで部屋がパッと明るくなる人もいれば、逆にシラケたムードになる人もいる。その違いはどこにあるのだろう？」

この疑問を解くために、そしてスピーチコーチとしての腕を磨くために、私たちは、訓練を積んだ俳優である友人のセス・ペンドルトンと組んで、さまざまなクライアントのスピーチやプレゼンテーションの指導に携わってきました。

クライアントの多くは著名人で、その中にはフォーチュン五〇〇企業の幹部や国会議員、テレビタレント、政府機関やNPOのリーダー、ノーベル賞受賞者、NSAのフライトディレクターもいます。

さまざまなクライアントをコーチするなかでわかったのは、彼らの抱えている問題は、通常、二つのパターンに分かれていることでした。「堅苦しすぎて人間味が感じられない」ケースと、「おどおどしているように見える」ケースです。

また、相手の抱えている課題が何であれ、私たちのアドバイスは一定であることもわかりました。例えば、**背筋を伸ばしてまっすぐに立ち、微笑みを浮かべるだけで、人物のイメージはがらりと変わった**のです。

何百人ものクライアントの指導を行う一方で、私たちは最も魅力的な人物たちを研究し、その人気を探ることにしました。

すると、オプラ・ウィンフリー（アメリカの俳優。トーク番組史上最高とされるテレビ番組の司会者）、キング牧師からロナルド・レーガン、ダライ・ラマ14世に至るまで、成功者は常に一定の戦略に従っていることがわかってきました。

こうした実践と研究で、私たちは「入ってきただけで部屋が明るくなるのはどのような人なのか？」「人を惹きつける人の秘密は何なのか？」「周囲の人の心を確実につかむ方法とはどんなものなのか？」を探ってきたのです。

これらの研究を大いにサポートしてくれたのが、友人であり同僚でもあるハーバード・ビジネス・スクールのエイミー・カディです。彼女のおかげで、同校のMBAプログラムにおいて定期的に特別講義を行い、学生たちと共同作業を進めることができました。


人を品定めするとき、私たちはどのような観点から判断を下しているのか？

人は人の何によって尊敬したり、蔑んだりするのか？

人は人の何によって惹きつけられたり、敬遠したりするのか？

人は人の何によって親近感を抱いたり、恐れたりするのか？

なぜかいつも周りに人が集まる人物、部屋に入ってきただけでその場の空気が明るくなるような人物には、どのような特性があるのか？


これらは、誰にとっても興味のつきないテーマです。

結論を言いましょう。

人が第三者に評価されるときは常に二つの観点――「強さ」と「温かさ」からはかられています。

「強さ」と「温かさ」は、そのどちらかだけを備えていても、魅力に欠けてしまいます。両者のバランスが、人を惹きつけるポイントなのです。

しかし、「強さ」と「温かさ」をよいバランスで、同時に発揮できる人物はめったにいません。だからこそ、私たちはそれを実現させている人に惹きつけられるのです。

では私たちが現実に「強さ」と「温かさ」をバランスよく表現するにはどうすればよいのか。

最新の社会科学の研究結果と、私たちのスピーチコーチとしての指導体験を活用し、人々の印象を大きく左右するいくつかのポイントについて詳しく説明したうえで、「強さ」と「温かさ」を同時に発揮していくプロセスを解き明かすのが本書です。

本書によって、あなたはあなた自身の個性を生かして、人々から敬意と好感を、同時に勝ち取る方法を身につけることができます。

読み終えた後の、自分の変化を想像してみてください。人を惹きつけてやまない魅力を備えたあなたの人生は、今よりずっと豊かで実り多いものになるでしょう。

ジョン・ネフィンジャー

マシュー・コフート

本書に寄せられた称賛の声　3

はじめに　6

プロローグ　Prologue

スーザンとエドワードの出会い　18

強さと温かさ——二つの観点　23

「強さ」と「温かさ」を自分でチェックする　25

Part 1
人は「強さ」と「温かさ」で評価されている

「強さ」は二つの要素から成り立っている　36
「温かさ」とは何か？　41
「強さ」と「温かさ」の戦い　46
ハロー効果とシーソー現象　49
ビートルズとアイン・ランド　51
どうすれば「強さ」と「温かさ」を両立できるのか？　55
「強さ」と「温かさ」のジレンマ　57
COLUMN 1 「強さ」と「温かさ」の生物学　64

Part 2

「見た目」と「固定観念」にとらわれない

あなたはどんな手札をもっている？　68
性別によって求められる「強さ」と「温かさ」が違う　70
ギャップに振り回される女性　73
ヒラリー・クリントンの苦悩　77
女性が「強さ」を使いこなすための三つの戦略　81
年齢による「強さ」と「温かさ」　89
顔立ちが与えるインパクト　93
ホルモンが顔をつくる　97
美しい人は本当に得か？　99
美しさの方程式　103

最も魅力的な顔は「強さ」と「温かさ」のバランスが良い　106
なじみの顔が美しい　109
体型がもたらすイメージ　112
障害のある友人、ダニエルの「強さ」　115
COLUMN 2　ベビーフェイスの苦悩　120

Part 3

「強さ」と「温かさ」を効果的にアピールする方法

「手札」以外ならコントロール可能 122
非言語コミュニケーションを活用する 123
空間を支配する身のこなし 127
背筋を伸ばすだけでガラリとイメージアップ 129
ハイパワーなポーズをとるだけで強くなれる 132
歩くときに先に出るのは頭か胸か？ 135
手と腕の動きをコントロール 138
イエス・キリストの姿勢は究極の温かポーズ 141
魔法のボール 143
どうして非言語シグナルがより人格を表すのか？ 144

ボディタッチのルール 147
表情は万国共通のメッセージ 148
笑顔そのものにパワーがある 151
笑顔にはバリエーションがある 153
間が抜けた笑顔に注意！ 156
お手本はクリント・イーストウッド 158
適切なアイコンタクトを活用する 159
恋に落ちる声!? 161
声を科学する 164
対話の主導権を握っているのは誰か？ 170
「つなぎ言葉」と「語尾上げ」に用心！ 173
ファッションとイメージの気になる関係 176
ファッションが主張するもの 178
COLUMN 3 笑顔のレッスン 184

Part 4
相手の心をつかむ聞き方・話し方

意識・無意識に働きかける言葉　186
レトリックの基本要素　189
適切な言葉のトーンを採用する　194
ロバート・ケネディのスピーチ　196
「輪」の内と外　200
「輪」の中に入る方法　205
相手の第一声に注目する　210
バックグラウンドの共有だけでは内側に入れない　213
実績の過度のアピールは禁物　214
「輪」のテクニックのメリット　217

相手がこちらに不信感を抱いている場合にも有効　221
ユーモアのあるストーリーテラーになる　226
さらなるステップのために　230
自分の行動パターンを見つめ直す　232
自己コーチング　238
COLUMN 4　クラーク・ケントの電話ボックス　240
おわりに　241

プロローグ

スーザンとエドワードの出会い

２００X年のこと。

ある金曜日の夕方、スーザンは、ある「偶然の出会い」を経験しました。彼女は当時45歳。会社での地位を着実に築き上げ、自分の仕事にも満足していました。

長い一週間を締めくくる会議を終え、帰りの電車に乗って読みかけの本を開いて読み始めようとしたところ、

「ここ、空いてますか？」

と、身なりのいい50代半ばの男性が歩み寄ってきました。

「ええ、どうぞ」

スーザンが答えると、男性は落ち着いた様子で静かに腰を下ろし、挨拶してきました。スーザンが挨拶を返そうと男性に目を向けると、彼の上着に名札がついたままになっていることに気づきました。

そのことを彼に教えてあげるべきかどうか、彼女は一瞬迷いました。しかし、彼が感じの良さそうな人物だったため、思い切って声をかけることにしました。

「お医者さんなのですね」

「ええ、なぜわかったんですか？」

驚く男性に対し、スーザンは彼の胸にある名札をそっと指さしました。そこには「エドワード・ジョーダン医師」と記されています。

「教えてくれてありがとう……」

男性は苦笑しながら名札を取ると、さっきまで学会に出席していたこと、これから新たな事業を始めようとしていること、その学会も人脈づくりのために参加したことなどを話し出しました。

スーザンは、失礼に当たらない程度に耳を傾け、黙ってうなずいていました。あえて自分から話を促したりはしませんでした。

しかし、エドワードの話は続きます。

彼は小児科医で、「インターネット診療」を提供する新たな会社を立ち上げたばかかりだという説明を聞きながら、スーザンは自分の娘のことを考えました。

「私だったら、娘の診察をインターネットで済ませるだろうか、いや、しないわ」

そう思った彼女は正直に、

「でも、ネットで診察を受けることに抵抗を感じる人も多いんじゃないかしら。そういう先入観はどうやってなくすつもりですか？」

と質問したのです。

エドワードはにっこり微笑みながら、質問で返してきました。

「まったくおっしゃる通りです。そこがいちばん難しいところなんですよ。あなたなら、どう対応されますか？」

スーザンは、彼が自分に答えを求めてきたことにとても驚きました。医者という立場の人間が、誰かに教えを請うところなど、見たことがなかったからです。

彼女は娘を医者に連れていったときの経験について素直に話し、インターネット上で可能な医療ケアとそうでないものの区別や、こうした診療に対して親がどう感じるかについて彼と語り合いました。

それだけでなく、彼女はその場で、親の不安を和らげるためのアイデアをいくつか提案してみました。エドワードは感心したようにうなずき、さらに質問を投げかけてきます。そこで彼女は、最近自らが参加し、大成功を収めた新製品のマーケティングプロジェクトについて語ることで、彼の懸念を払拭してみせたのです。

電車が目的地に着く頃には、スーザンは全く新たなポスト――エドワードの会社の営業部長――への就任を、ほぼ承諾していたのでした。


こういう出来事を、人は強運のたまものだと考えます。

この二人が同じ電車に乗り合わせたのは確かに偶然かもしれませんし、彼らがスキルやニーズの面で抜群の相性をもっていたのは事実です。

しかし、この出会いが「強運」になったのはそれだけではありません。

スーザンが読書をやめてエドワードに名札のことを教えてあげ、エドワードが出会ったばかりの赤の他人であるスーザンに対して新事業の話をしたからこそ、二人にとってこの偶然の出会いが「強運」となったのです。

ではいったい、スーザンのどんなところがエドワードを動かしたのでしょうか？

そして二人はなぜ、同じ会社で働くという大きな賭けに出たのでしょうか？

実は、ここに人が人を品定め＝評価するときのヒントがつまっています。スーザンとエドワードは会話を交わしながら無意識のうちに、互いに相手の「評価」を行っていました。

人の「評価」は、ほんの一瞬で決まってしまいます。

しかし、その意味合いは非常に大きく、人生のあらゆる局面を左右していると言っても過言ではありません。

幼少の頃から、それはすでに始まっています。

たいていの場合、子供はそれぞれ仲良しグループをつくって遊んでいます。みんなから仲間外れにされている子供がいる一方で、各グループを自由に渡り歩いているような人気者もいます。こうした「評価」の繰り返しによって、思春期を迎える頃には誰とデートできるかが決まり、最終的には結婚相手まで決まってしまいます。

「評価」は私たちのキャリアも左右します。

会社であればどの志願者を入社させるのか、誰を昇進させるのか、不況時に誰をリストラするのか——すべては「評価」にかかっているのです。

強さと温かさ——二つの観点

人を評価、つまり品定めするときに、私たちが無意識にはかっている二つの観点。

それはズバリ、「強さ」と「温かさ」です。

この場合の「強さ」とは、個人の能力の高さや物事を成し遂げる意志の固さを指します。強さを感じさせる人物は、人々の尊敬を集めます。

また「温かさ」とは、この人にもっと近づきたい、と相手に思わせる優しさや親近感のことを言います。温かい人物の周りには自然に人が集まってきます。

私たちは温かい人に心惹かれ、冷たい人に反感を覚え、いかにも強そうな人には一目置きますが、見るからに弱々しい人間にはあまり注意を払いません。


先ほどのスーザンとエドワードの出会いに着目してみましょう。

スーザンは、読書に没頭していたい気持ちを抑えてエドワードに名札のことを教えてあげました。

エドワードの言動から、人の良さ＝「温かさ」を感じとったからです。そして、エドワードもまた、にこやかに指摘してくれたスーザンに優しさ＝「温かさ」を感じたから、自分のことを話したのです。

さらに、エドワードが医師であるにもかかわらず、上から目線の態度を取らず、一方で、スーザンが的確に問題点と解決策を指摘できる能力の高さを示したことで、お互いに好感を抱き、一緒に働くという選択をしたのです。

人は、この二人のように「強さ」と「温かさ」を同時に感じさせる人物には、敬意と憧れを抱きます。

つまり、無意識のうちに、常に「強さ」と「温かさ」、この二つを指標にして人を判断しているのです。

このことに気がつくと、あらゆる物事の見方が変わります。

「強さ」や「温かさ」を発揮している人を観察すれば、彼らがなぜ、人の心を惹きつけるのかが理解できるようになります。

スーザンとエドワードは、人のために尽くしたいという気持ち＝「温かさ」だけでなく、それを実行するだけの能力＝「強さ」ももっていました。そういう人物には、安心してリーダーを任せることができますよね。

一方、魅力に欠ける人物がいた場合、「強さ」や「温かさ」ではなく、「弱さ」や「冷たさ」を感じさせる何かがあることがわかります。

たとえば、アルバイトであっても、お客様に優しい言葉をかけるなど丁寧で温かなサービスをしつつ、落ち着いて状況を把握し、すべきことをスタッフに指示できる強さを持っている人は、多くの人に尊敬されます。

課長というポストで真面目に働いてはいるものの、ぎこちない身のこなしのせいで自信なさげに見え（弱さ）、自分の仕事でいっぱいいっぱい（結果、部下まで目が回らない・冷たい）の人は、部下の尊敬を集めることができません。

あなたの周りの人は、いかがでしょうか？

そして、あなた自身はどうでしょうか？

「強さ」と「温かさ」を自分でチェックする

「強さ」と「温かさ」の重要性を理解したとしても、それを自分自身のイメージアップに活かすことはなかなかむずかしいものです。

私たちは人前に出ている間ずっと、何らかの社会的シグナル（「これが私です」というメッセージ）を発しています。そして、そのほとんどが、集約すると強さ（弱さ）や温かさ（冷たさ）のどちらかに分類されます。

しかし、たいていの人は自分がどんなシグナルを発しているのか、ぼんやりとしか把握できていません。

まず、自分がどんなシグナルを発しているか、つまり、どう評価されているかを知っておくことが必要です。そのうえで、外部に対してどんなシグナルを発するべきか、自分で決めなければなりません。

温かさを演出して好感を得るべきか？

強さを発揮して尊敬を勝ち取るべきか？

それとも、「二兎を追う者は一兎も得ず」を承知の上で、強さと温かさの両方をアピールするべきか？

自分の出しているシグナルを理解するのは、それほど難しくありません。28～29ページのチェック表の問いに答え、点数を出し、27ページの図の該当箇所にそれぞれ記

あなたのシグナルはどんな状態？

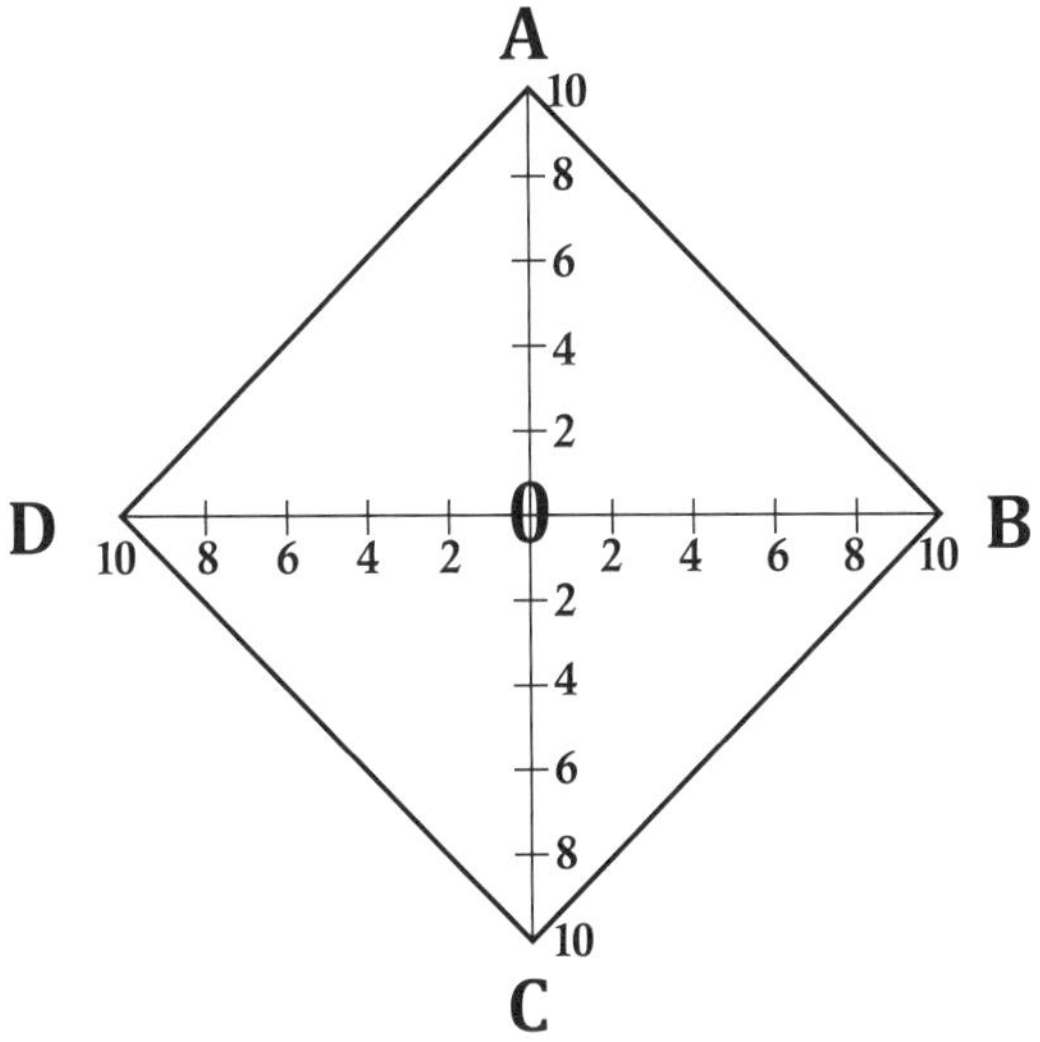

28 ～ 29 ページのチェック表の結果（数値）を記入し、
線でつないで四角形を描いてください。

C-1 要領の悪い人を見るとついイラっとしてしまう。 □

C-2 口が悪いほうだと思う。 □

C-3 無愛想だとよく言われる。 □

C-4 友人は少ないほうだ。 □

Cの合計点 **c** 点

D-1 人前に出るのが苦手である。 □

D-2 人からの頼みごとを断れない。 □

D-3 グループなどでは目立たないほうだ。 □

D-4 周りの意見が常に気になる。 □

Dの合計点 **d** 点

C·Dの設問は、持ち点10から引いていきます。
それぞれ、○の場合はマイナス2点、
△の場合にはマイナス1点で計算します。

持ち点10 − **c** ＝ □ 点/10点 27ページの**C**に記入

持ち点10 − **d** ＝ □ 点/10点 27ページの**D**に記入

A〜D全ての点数を線でつなげると、31ページのような、四角形が出来上がります。

次のA～Dの計16の質問に、
イエスなら○、どちらか迷った場合は△をつけてください。

A-1 今現在、役職についている、もしくは将来的につきたいと思っている。 □

A-2 人に命令されるのをあまり好まない。 □

A-3 自分の意見を貫き通す性質がある。 □

A-4 容姿やファッションセンスに自信がある。 □

Aの合計点 **a** 点

B-1 困っている人を見ると放っておけない。 □

B-2 よく人から相談事をもちかけられる。 □

B-3 動物や子供の面倒を見るのが好きだ。 □

B-4 友人・知人はたくさんいるほうだ。 □

Bの合計点 **b** 点

A・B の設問は、持ち点を 2 として○の場合はプラス 2 点、
△の場合にはプラス 1 点で計算します。

持ち点2 ＋ **a** ＝ □ 点/10点 27 ページの **A** に記入

持ち点2 ＋ **b** ＝ □ 点/10点 27 ページの **B** に記入

入してください。

次に、記入したあなたの点数を線で結び四角形をつくります。できあがった四角形のバランスが、あなたの今の状態です。

できあがった四角形が、どういう状態を示しているか、代表的な四つのタイプ（31ページ）を紹介します。この四つのパターンの中で、もっとも近い形のものを軸に自分の状態を判断しましょう。

タイプ1

主に、左上部に偏りができてしまったあなたは、強さが目立つけれど、優しさや他人への配慮に欠けるタイプ。仕事はできますが、人から「冷たい」人と思われることもしばしばです。

タイプ2

主に右下に偏りができてしまったあなたは、人一倍優しく、押しに弱いタイプ。新聞の勧誘やキャッチセールスを断りきれなかった経験があるのでは？

タイプ1

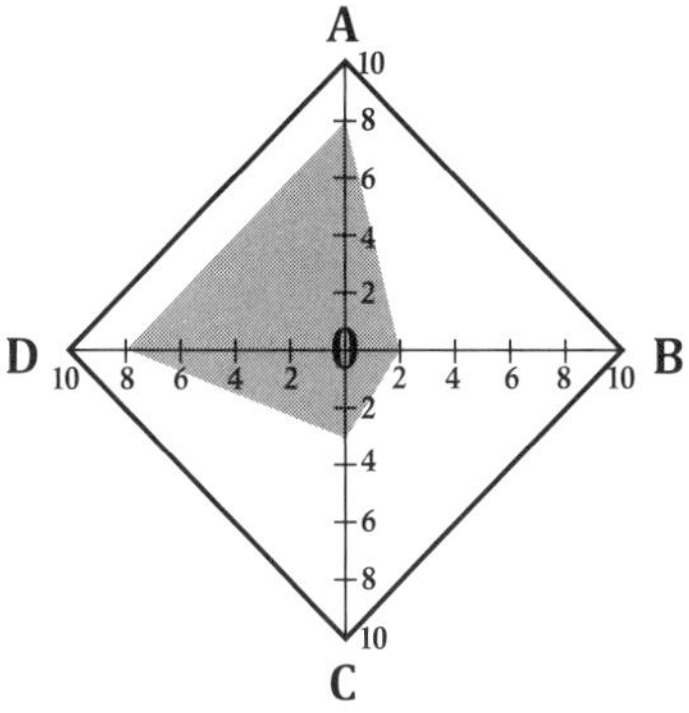

タイプ2

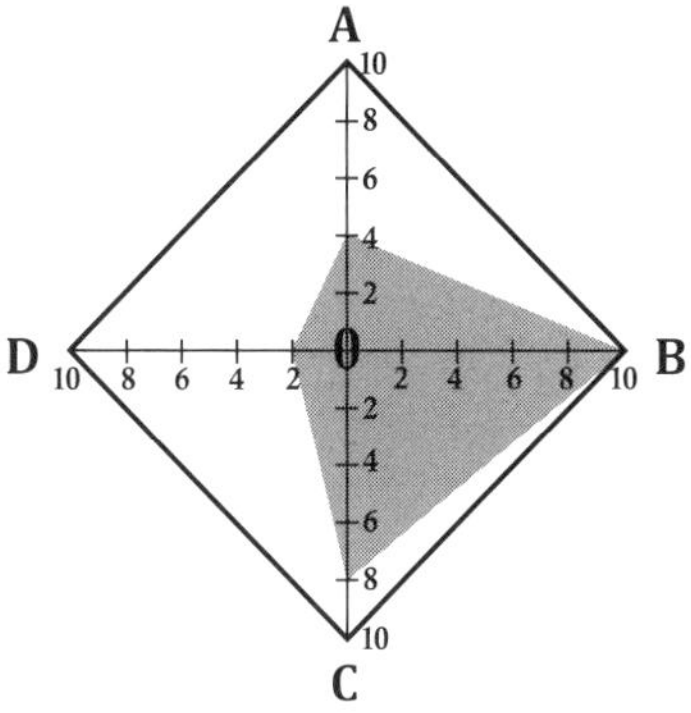

タイプ 3

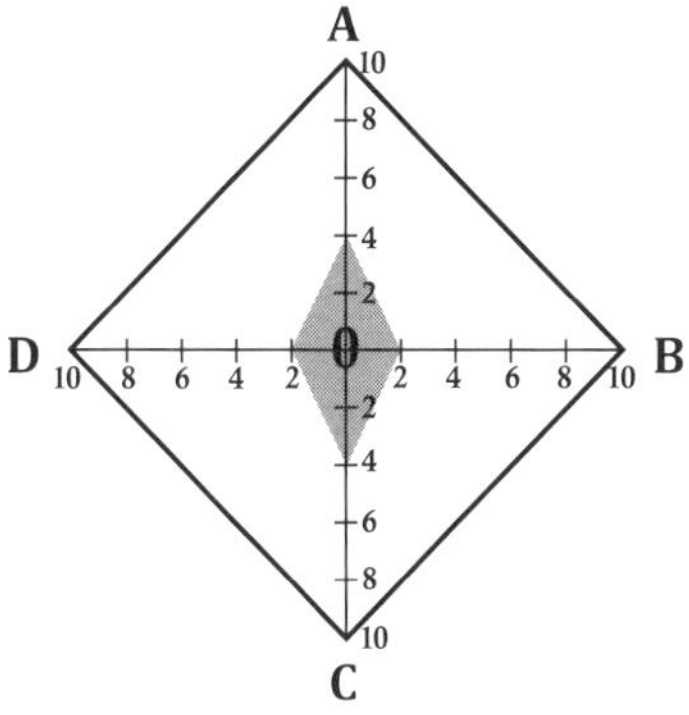

タイプ 4

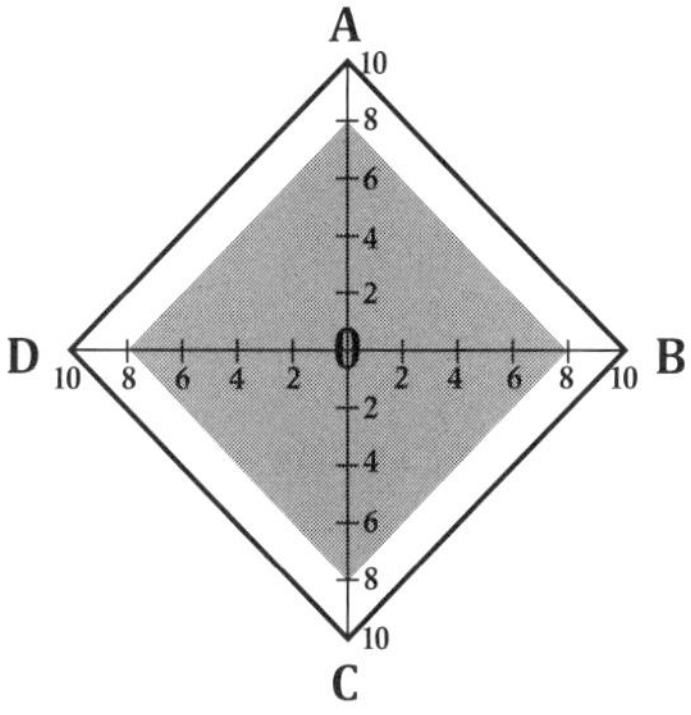

タイプ3
全体的に四角の面積が小さいあなたは、自己中心的かつ内向的なタイプ。周囲へのアピール力や気配りに欠けがちです。

タイプ4
比較的大きな四角で、四辺のバランスが取れているタイプ。強さと温かさを兼ね備えており、まさに理想的です。

あなたの結果は、どのタイプの四角形に似ていたでしょうか。
続いて、「強さ」と「温かさ」という二つの観点から、見直してみましょう。

タイプ1
上等なスーツやビジネスライクな態度を連想させる、「強さ」を体現しています。「温かさ」はあまり感じられません。

タイプ2
ヘッドライトに照らされて立ちすくむ鹿のようにシャイで臆病です。優しく純粋なので、「温かさ」を感じさせてくれます。

タイプ3

残念ながら、強さも温かさも欠けている状態です。自己中心的な態度が時に強さに見えることはあるかもしれませんが、自分より強い相手には萎縮してしまいます。

タイプ4

常に周囲の注目を集めるリーダーに最適です。「自信に満ちた態度」と「温かい本物の笑顔」で周囲からの信頼を勝ちとることでしょう。


さて、実はここからが本題です。

強さと温かさを同時に発揮することは、簡単ではありません。

なぜなら、強さと温かさの間には、シーソーのように反比例する力学が働いているからです。

「強さ」をアピールする行動（険しい表情を浮かべる、筋肉を誇示する、難しい言葉を使う）の多くは、「温かさ」の面でイメージダウンにつながります。同様に、「温かさ」を表すシグナル（笑みを絶やさない、優しく語りかける、他人のために尽くす）の多くは、「弱い人間」という印象を与える可能性があります。

これが人々をジレンマに陥れるポイントです。

では、タイプ4のような人物を目指すためには、いったいどのようにすればいいのでしょう。

それについては、本文でお話ししていきましょう。

Part 1

人は「強さ」と「温かさ」で評価されている

「強さ」は二つの要素から成り立っている

いきなりですが、「強い人」というのは、どのような人でしょうか。

「強い人」は、意志の力で物事を成し遂げることができます。「強さ」はその人が、どれだけ世の中を思い通りに動かせるかを測る尺度です。

強さを感じさせる人は世間の注目を集めます。その力がどのように使われるのか——自分にとってプラスに働くのか、それともマイナスになるのかが気になるからです。

強さを感じさせる有名人の例は数えきれません。

破天荒ながら、自宅のガレージからスタートさせた会社を世界的企業にまで成長させたスティーブ・ジョブズや、そのタフな姿勢から「鉄の女」とまで呼ばれていた英国初の女性首相マーガレット・サッチャー（1979〜1990年在任）など……。

見るからに弱々しい人物の場合、その人が何を目指しているかなど、誰も気にしません。仲間として受け入れることはあるかもしれませんが、彼らは世界を動かす能力に欠けているため、気に留める必要はないのです。

「強さ」とリーダーシップは切っても切れない関係にあります。人は常に強いリーダーを求めています。強い人間は集団を脅威から守ってくれるからです。潜水艦の乗組員チームであれ、学校の友人グループであれ、「強さ」はリーダーシップに欠かせません。

「強さ」は二つの基本要素――世界を動かす「能力」と「意志の力」――から成り立っています。

「能力」と「意志の力」がここではキーワードとなります。

まず、「能力」についてです。

この場合の「能力」には、世界を動かすために必要なあらゆる資質――体力、それぞれの専門スキル、社交術、苦労して手に入れたノウハウなどが含まれています。

脳外科医であれ、音楽家であれ、会計士であれ、高度な知識や訓練を要する仕事をこなしている人々は、周囲から注目を浴び、尊敬されます。

業界によっては、コミュニケーション能力が最も重要な能力とされることもあります。

たとえば外交官は、言葉を巧みに操るだけでなく、さまざまな非言語シグナル――ジェスチャーや目線など、言葉以外のサインを通じて洗練された社交術を発揮し、人々の尊敬と信頼を勝ち取ります。

コミュニケーション能力の高さとは、人当たりの良さだけにとどまりません。しっかりと自己主張できることも重要です。

遊び場でいじめっ子にからかわれたときに、とっさに言い返すことのできる子供は、次からはいじめられなくなるだけでなく、何をして遊ぶかを決めるときに意見を尊重されるようになります。そのためには、気の利いた言葉をパッと思いつく能力も必要でしょう。

能力が物事を成し遂げるための「ツール」だとすれば、意志はツールを動かすための「動力」だと言えます。

「意志」とは、障害や抵抗を乗り越えて、行動を貫き通そうとする熱意です。こうした資質は「決断力」「気骨」「意欲」「野心」「根気」「粘り腰」などと呼ばれ、あらゆる分野において重要視されます。

「強さは肉体的な力からくるのではない。それは不屈の意志から生まれる」というガンジーの言葉は、その本質を最もよく言い表しているかもしれません。

意志の力は、筋肉と同様に鍛えることができます。その半面、酷使すると消耗してしまいます。

最近の研究によれば、ハードな一日の終わりには意志の力がすり減ってしまい、誘惑に打ち勝つのが難しくなるそうです。しかし、あらかじめ鍛えておくことで、誘惑をものともしない意志の力を手に入れることも可能なのです。

私の友人のボニーは、身をもってそのことを学びました。

数十年もの間、ろくに運動をしてこなかった彼女は、ある日ランニングクラブに入ることを決意しました。初日、ボニーはたった500メートルしか走れませんでした。「やっぱりランニングクラブなんて入るんじゃなかった。もうやめたい――」

彼女は思わずそうつぶやき、逃げ出しそうになりましたが、どうにか踏みとどまり、毎日「今日は昨日より長く……」そう決意を新たにしながら、ひたすらランニングを続けました。こうして彼女は体力だけでなく、肉体的苦痛を克服する精神力を身につけることができたのです。

彼女のように**何らかの試練に立ち向かっている人々は、ただ単に歯を食いしばって**

苦しさに耐えているだけではありません。

実は、彼らはある種のテクニックを使ってつらさをうまくやり過ごしています。苦痛や衝動と真っ向から対決するのではなく、それらを巧みにかわしているのです。ボニーは、きついランニングの中盤、肉体的な苦痛になるべく意識を向けないようにし、代わりに今度の休暇のことを思い浮かべたり、頭の中で好きな歌を口ずさんだりしました。

そのおかげで彼女は、精神力を無駄にすり減らすことなく、後半のランニングに余裕をもって臨むことができたのです。

このように、苦痛を和らげる手段はいろいろあります。やり遂げた自分にごほうびをあげるのもいいですし、達成したときの満足感に思いを馳せてもいい。自分に合った方法を見つけましょう。

往々にして、人々は、「強さ」のシグナルを発している人物を高く評価し、敬意を抱くものです。舞台が競技場であれ、会議室であれ、難関を見事に突破していく人々の姿は私たちに感銘を与えます。

しかし、誰もが「強さ」を同じようにとらえるわけではありません。

自信満々のセールスパーソンに不信感を覚える人も少なからず存在します。人々が好むのは、よりバランスの取れた意見をもち、マイナス要素を正直に認める人物です。多くの人は、大言壮語を吐くのは弱さを隠すためであり、体裁の良さを売り物にするのは、中身のない証拠だと考えるのです。

「強さ」をアピールし、周りの人からの尊敬、あるいは畏怖《いふ》の念を引き出すことは確かに可能です。しかし、それだけではある程度の成果しかあげられません。**単なる「敬意」を「称賛」にまで引き上げるためには、人々の好感を得なければなりません。**

そのためには「温かい人」というイメージを同時に打ち出す必要があります。

では、「温かさ」とは何なのでしょうか。

「温かさ」とは何か？

「温かさ」という言葉は親近感や愛情を表すのによく使われます。こうした感覚を覚えたとき、本当に体温が上がったような気がするのは、万人共通の現象です。

研究によれば、世界中のどの言語も「温かい」という言葉は「愛情」を表すのに使われるのだそうです。これは、乳児期の親子の絆——両親の胸に抱かれたときの肌の温もり——から生じたものと思われます。

このように、「温かさ」と「愛情」は人々の心の中で分かちがたく結びついています。温かい飲み物を手にするだけで、人は普段よりも他人に優しく接するようになるという実験結果が出ているほどです。

その反対に、仲間からのけ者にされたときには、体がすーっと冷えていくような感覚を味わうことがあります。

相手が自分と同じような関心や不安を抱いていることがわかったとき、私たちはその人に「温かさ」を感じます。親近感を覚えるからです。

人に温かさを感じさせる感情は、主に「共感」、「親しみ」、「愛」の三つです。

1　共感

「共感を示す」とは、その人の身になって考えることです。これは必ずしも楽しいことだとは限りません。激しい怒りや悲しみ、失望、嫌悪感にとらわれている人を前にして、いつの間にかこちらまで同じような気持ちになってしまうのも、一種の共感だからです。しかし、多くの場合、共感は心のやすらぎをもたらし「自分は決して独りぼっちではない」と感じさせてくれます。

かつてビル・マーレイ（アメリカの俳優・映画監督・脚本家。代表作『ゴーストバスターズ』『ロスト・イン・トランスレーション』ほか）はこう語っていました。

「誰かと痛みを分かち合い、相手の身になって考えるたびに、人はより人間らしくなれる」と。

この言葉は、共感の必要性をうまく言い表わしています。

「情緒的共感」という言葉があります。誰かがあくびをするのを見ると、ついこっちまであくびをしてしまう、という類いのものです。

「笑う」「泣く」「歓声を上げる」といった一見自発的な行動も、こうした伝染力をもっています。また、二人の人間が話に熱中しているときに、無意識に互いの姿勢やジェスチャー、口調の真似をし始めることがありますが、これも共感の一種です。

これに対して「認知的共感」という言葉があります。「頭で理解しようとすること」によって生じる共感です。これは相手の視点に立って積極的に感情移入することを指します。

しかし、実際に背景や価値観の異なる人同士が、相手の目に映る世界がどのようなものかを想像するには、相当な努力が求められます。

同じ言語を話す人間同士ですら、職業や住んでいる地域が違うだけで、価値観は全く異なるのです。互いの背景が違えば違うほど、共感するには大きな努力が必要です。だからこそ共感し合えたときにはより大きな連帯感を感じるのです。

2 親しみ

人は何であれ、未知のものを恐れます。何度か出会いを重ね、害を及ぼすものではないことがわかって初めて、安心して相手に近づくことができるようになります。

見慣れない人やものに出会ったとき、たいていの人は、最初、防御態勢を取ろうとするものです。無害な相手であることがわかって初めて、その警戒心を解くのです。

反対に、なじみ深い物事は私たちをリラックスさせてくれます。

「親しみ」が好ましい感情を抱かせることを示す、象徴的な現象があります。

人は自分と似た人物に出会ったとき、親近感を覚え、自ずと惹きつけられるということが心理学で立証されています。似ている＝見慣れている、と錯覚するからです。「類は友を呼ぶ」ということわざの通り、この現象は非常に根深いものがあり、研究によれば、母親は自分と容姿が一番よく似た娘を可愛がる傾向があるそうです。「似ていること」は本質的に人と人を結びつける働きをもっているのです。

3 愛

誰かにあふれんばかりの温かい感情を抱いたとき、私たちはそれを「愛」と呼びます。しかし、「愛」という言葉がつくものの中には「温かさ」以外の要素を含んだものもあります。

「恋愛」「性愛」「愛着」——この三つは、一つひとつが全く別のホルモンを生成し、全く異なった感覚を生み出していると、研究者は言います。

とはいうものの、「恋愛」や「性愛」と「温かさ」は親戚のような関係で、恋愛対象として魅力的な人や、セックスアピールにあふれた人を見つけるだけで気分が良くなるものです。場合によっては実際に血流が増え、体温が上がったように感じるかもしれません。

しかし、私たちの言う「温かさ」の概念に最もふさわしいのは、もう一つの感覚、家族や親友などに対する「愛着」です。

「強さ」と「温かさ」の戦い

『君主論』を著した史上最大の戦略家、かのマキャベリは、こう言っています。

「愛されるのと恐れられるのはどちらがよいか？　誰もが『両方兼ね備えているほうが望ましい』と答えるだろう。だがこの二つを同時に満たすことは難しい」

この言葉は、強さと温かさのメカニズムを見事に言い当てています。

究極の強さは恐怖を呼び起こし、究極の温かさは愛を呼び起こすのです。

マキャベリは知る由もないでしょうが、強さと温かさのメカニズムには、はっきりとした生物学的根拠があります。強さをもたらすホルモンであるテストステロンには、温かさを生み出すホルモンであるオキシトシンの分泌を阻害する働きがあることが判明しているのです。

強さと温かさのバランスを取るのが難しいのは、私たちの体内でこの二つのホルモンが戦っているからなのです。

では、仮に強さと温かさを同時にアピールするのが不可能ならば、どちらを取るべきなのでしょうか？

中世のフィレンツェに生きていたマキャベリは、「愛」よりも「恐怖」を、「温かさ」よりも「強さ」を、「協調」よりも「競争」を選ぶよう勧めました。

弱肉強食の世界、すなわち、強権政治に対する制裁措置が存在せず、正直者が馬鹿を見るような環境では、これはもっともな選択だったのでしょう。

しかし、現代社会はもう少し文明的であり、人々が互いを品定めする際には、「温かさ」がより重要な決め手になります。

プリンストン大学のジャニン・ウィリスとアレックス・トドロフによれば、**私たちは初対面の人に出会ってからわずか10分の1秒のうちに、相手が「温かい人」かどうかの判断を下している**のだそうです。確かに、初対面の際は、相手が善意の人かどうか確かめたくなるものです。

かといって、「強さ」の要素もおろそかにはしません。

たとえば、道端で力士と出会った場面を想像してみてください。まず目を引くのは体の大きさでしょう。もし相手に温かさを感じなければ、その迫力に下手をすると痛い目にあわされるのではないかと身構えるはずです。

初対面の相手の「温かさ」と「強さ」の両方を瞬時に見極めるように促しているのは、危険から身を守ろうとする生存本能です。

ここで皆さんに知っておいてほしいのは、**「強さ」と「温かさ」のイメージには、決定的な違いがある**ということです。

「トマトの法則」という言葉があります。たった一夜の厳しい寒さによってトマト畑が全滅してしまうことを指すのですが、温かさも同様で、たった一度の思いやりや仲間意識に欠ける行為によって、それまで与えていた「温かいイメージ」が永遠に失われてしまう可能性があるのです。

いったん「冷たい人」というレッテルを貼られてしまうと、その印象はなかなか変わりません。

「強さ」のイメージはこれとは正反対の性質をもっています。たった一度強さを見せつけただけで、「強い人」というイメージをしばらく定着させることができるのです。

ハロー効果とシーソー現象

強さと温かさは補完的な関係にあり、両者の間にはさまざまな相互作用が働いています。

まず、「ハロー効果（後光という意味の単語ｈａｌｏに由来）」というものがあります。これは、**ある人が一つの側面において優れている場合、別の側面も優れていると見なされがちである**ことを指します。

たとえば、自分の主治医に対して好感を抱いている人が、何の医学的根拠もなしに「すごく優秀な先生なのよ！」と友達に言ってまわることがあります。

彼らはたとえ主治医がミスを犯し、自分の体に害を及ぼしたとしても、「先生のせいじゃない」と言い張るのです。

複数の研究によれば、一人ひとりの患者のために時間をかけ、親身になって話を聞いてくれるような、好感のもてる医師は、たとえ医療ミスを起こしたとしても、めったに訴えられることがないそうです。

一方、患者への接し方がぞんざいな医師は、腕の良しあしにかかわらず、訴訟を起こされる可能性がずっと高いと言います。

つまり、人はいったん好感を抱くと、このハロー効果によって、相手のいいところばかりが目につき、悪いところは目に入らなくなるのです。

強さと温かさの間には、もう一つのメカニズム、「シーソー現象」が働いています。両者の間には「一方が上がれば、もう一方が下がる」という現象が起こるのです。会議中に声を張り上げて意見を通そうとすれば、「怖そうな人」という印象を与えてしまいます。かといって、同僚の顔を立ててばかりいると、「弱い人」だと思われてしまいます。

強さを演出するあらゆる行為は温かさにとってマイナスになり、温かさを演出するあらゆる行為は強さにとってマイナスになるのです。

二人の人物を見比べるときにもシーソー現象は起こります。一方の人間が強さを感じさせる場合、その対比でもう一方の人間からは温かさを感じるのです。

たとえば入社面接で二人の最終候補者から合格者を決定する場合に、こうした現象が生じます。「強面《こわもて》なほう」「柔和なほう」といったレッテルを貼られがちになるのです。ハロー効果とシーソー現象のメカニズムは、スポーツ界の有名な二つの決まり文句によく表れています。

一つは「勝者はみなに愛される」という言葉。連戦連勝のスター選手がスポーツファンの人気を集めるゆえんは、ハロー効果のためだったのです。

これと対照的なのが「判官《ほうがん》びいき」という言葉です。

両者の力の差が歴然としている場合、私たちはどうしても弱いほうに肩入れしたくなります。「強さ」に欠けているからこそ、弱い選手やチームはより「温かみ」を感じさせるのです。

このように、「強さ」や「温かさ」のイメージは絶対的なものではなく、その評価は状況に応じて変わってくるものです。

ビートルズとアイン・ランド

これから紹介する二つの成功物語には、全く対照的な教訓が盛り込まれています。

1960年代、リバプールからやって来た4人の労働者階級の若者が、世界中に旋風を巻き起こしました。

彼らことビートルズは、ロックンロールを、それまでの「短い単純なラブソング」から脱却させました。時代風刺的なテーマを歌詞の中に取り入れていったのです。ベトナム反戦の声が高まる中、絶頂期にあった彼らは、ある曲をリリースしました。その曲――「All You Need Is Love（愛こそはすべて）」は、当時の社会に広がっていた反暴力のメッセージを体現したものでした。タイトルの通り、この世に必要なのは愛、つまり「温かさ」だけだと彼らは宣言したのです。

これと対極にあるのが、ロシア革命の激動を生き抜いた若きユダヤ人女性、アイン・ランド（ロシア系アメリカ人の小説家・思想家。代表作『水源』『肩をすくめるアトラス』）のサクセスストーリーです。

彼女は1920年代にアメリカにたどり着き、脚本家になることを目指します。レーニンやスターリンによる強制的な社会変革を目の当たりにしてきた彼女は、個人の権利を何よりも尊重する世界観を武器に、文壇デビューを果たします。彼女の出世作は、個の自由を重んじる「鉄の意志をもつ男」を描いた小説でした。当時のアメリカの徹底した個人主義においては、「強さ」のみが絶対だったのです。

アイン・ランドとビートルズは、「強さ」V.S.「温かさ」という二元論を象徴しています。

アイン・ランド派にとって「温かさ」とは、最大の欠点である「弱さ」の代用品にすぎません。こうした考え方は、「弱肉強食」の世界観を反映しています。ここでは「強さ」が絶対価値です。なぜなら、それが生き残る唯一の方法だからです。

慈善家ぶって弱者を助けようとする者は、「厳しい現実を直視する勇気のない人間」と見なされてしまいます。

こうした世界観をもつ人々は、暴虐や無秩序の暗闇から大切なものを守ってくれるのは「強さ」だけだと考え、この「美徳」に磨きをかけています。

しかし、強さだけを追い求めた結果、その先に待っているのはおそらく孤独です。温かさを放棄した彼らは仲間と人生の苦楽をともにはできないのです。

対照的に、「All You Need Is Love」の大合唱に加わっているビートルズ派は、すこぶる感じのいい人たちばかりです。ここでは地位の高さではなく、人柄の良さや優しさが大切。

彼らは他人の一番いいところを見ようとしますが、その一方で、さまざまな「強さのシグナル」に対してかなり警戒心を抱いています。彼らにとって、強さは「無慈悲」「残忍性」「強欲」「利己主義」「攻撃性」「愛情の欠如」とワンセットになった概念なのです。

また、世界は「競争」ではなく「協調」の上に築かれているという革新的な価値観の持ち主であり、相互理解と対話によって平和がもたらされると信じています。そして「慈悲」や「忍耐」「寛容」といった美徳を高く評価しています。

ところが現実には、彼らはお人よしすぎます。他人のいいところばかりに目を奪われ、問題のある人物の発する危険信号を見落としている可能性もあります。その結果、周りからないがしろにされがちです。

大リーグの往年の名監督レオ・ドローチャーは、こう言っています。

「いい奴っていうのはビリで終わるものだ」

勝負の世界では「優しいだけじゃダメ」なのです。

どうすれば「強さ」と「温かさ」を両立できるのか？

「強さ」と「温かさ」は、なかなか両立しづらいものです。

しかし、**どちらか一方をフルに発揮しているとき、もう一方の特性も同時にアピールできるようになることもある**のです。

アイン・ランドとビートルズを例にとりましょう。

「強さ」の絶対性を説いたアイン・ランドの思想は、多くの信者を獲得しました。彼らは各地でアイン・ランドの支持団体や学生グループを立ち上げ、「個人主義」や「自己中心主義」といった価値観を共有し始めます。アイン・ランド本人はこうした反応には無関心でしたが、それにもかかわらず、彼女の周りにはどんどん人が集まってきました。彼らはアイン・ランドの本を愛読し、その強さを称え、自分も仲間に加わりたいと願ったのです。

アイン・ランドの並外れた「強さ」は、支持者を引き寄せ、彼らの間に連帯感を生み出したのです。

このように、**究極の「強さ」が求心力となり、「温かさ」を生み出す**ことがあります。

一方、ビートルズはまさに愛すべき4人組であり、そのファンの熱狂ぶりから「ビートルマニア」という言葉まで生まれました。忠実な支持者を獲得し、自分たちの思い通りに事を進められるようになった彼らは、より好条件の契約を結び、社会的ムーブメントを推進していきました。

結局ビートルズは、圧倒的な「温かさ」を発揮することで、無視できないほどの影響力を得たのです。彼らは**究極の「温かさ」によって圧倒的な「強さ」を生み出しました**。

アイン・ランドやビートルズの域までいかなくても、日常生活でこうした実例を見出すことは可能です。

有能で知られる人物が職場にいた場合、「自分もあんなふうになりたい」と憧れを抱くかもしれません。つまり、彼の「強さ」は「温かさ」を生み出しているのです。

同様に、会議室であれ、バーであれ、手ごわい相手に囲まれた場合は、「強さ」を見せつけることで、敬意を得られるだけでなく、彼らの仲間であるというアピールにつながります。このケースでも、「強さ」が「温かさ（連帯感）」を生み出しています。

一方、職場の同僚に愛されている人は、誰かと意見が衝突した際に、大勢の味方を得ることができるでしょう。すなわち、その人のもつ「温かさ」は「強さ」につながっています。さらに、好感度が決め手となる仕事に就いている場合には、「温かさ」を発揮する能力こそが「強さ」をもたらすのです。

「強さ」と「温かさ」のジレンマ

20世紀最高の演説家の一人であるキング牧師（1929～1968、アメリカ合衆国のプロテスタント系バプテスト派の牧師。アフリカ系アメリカ人公民権運動の活動家として尽力）も、「強さ」と「温かさ」についてこんなことを言っています。

1967年、彼はアトランタの南部キリスト教指導者会議の大会で、まず尊厳や自尊心を守ることの重要性を説き、次に政治権力や経済力を得るためのプロセスについて話しました。聴衆の多くが「権力」に対して懐疑的であることを承知の上で、彼はこう語ったのです。

「歴史上の最も大きな問題の一つは、愛と権力は対極の存在だと見なされてきたことだ……愛を伴わない権力は無謀で濫用されやすく、権力を伴わない愛は感傷的で非力である」

つまり、彼は**愛と権力は切り離すものではなく、互いに内包し合うことが望ましい**と説いたのです。このジレンマは、先に述べたシーソー現象とも相まって、日常生活において誰もが経験するものです。

では、具体的にどのようにすれば「強さ」と「温かさ」を同時に発揮できるのでしょうか。

ここで、プロローグで自己診断した四つのタイプの人物像を思い出してください(30〜33ページ)。わかりやすく解説するために、次ページに縦軸を「強さ」、横軸を「温かさ」として、四つの関係性を図式化しました。

この図表に、誰か思いつく有名人を当てはめてみてください。

たとえば、ダース・ベイダーはどうでしょうか? ①に近い位置になりますよね。

「強さ」「温かさ」の度合いを判断する最も手っ取り早い方法は、その人を見た瞬間

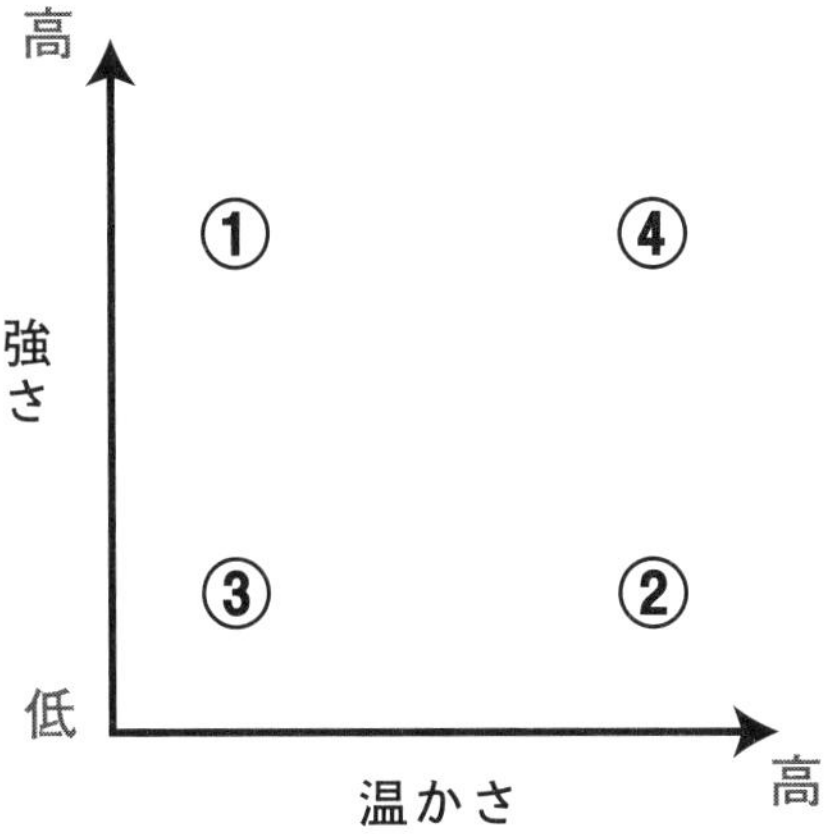

①…タイプ1
②…タイプ2
③…タイプ3
④…タイプ4

にどんな感情が湧き上がってくるかを考えることです。

私たちの友人であるハーバード・ビジネス・スクールのエイミー・カディは、スーザン・フィスクやピーター・グリックとともに、こうした分野に関する独創的な研究を行っています。イメージのステレオタイプ化のメカニズムに注目していた彼女たちは、やがて**「強さ」と「温かさ」という二つの要素が、人物評価を左右する万国共通の指標であること**を突き止めたのです。

次ページの図は、誰かに出会ったとき、相手の「強さ」や「温かさ」の度合いに応じて、どんな感情が湧き上がってくるかを示しています。

先ほどの図と照らし合わせると、タイプ1には「嫉妬」、もしくは「恐怖」を覚え、タイプ2には「同情（哀れみ）」を感じ、タイプ3には「軽蔑」を抱き、タイプ4には「称賛」を送るのです。

このように、「強さ／温かさ」という指標は、それまでぼんやりとしかわからなかったこと――「魅力のある人」「軽蔑すべき人」「他人の言いなりになる人」をつくり出している要素とは何か？　を見事に解明してくれます。

「強さ」と「温かさ」が人物評価の鍵を握ることがわかったとたん、あらゆるところ

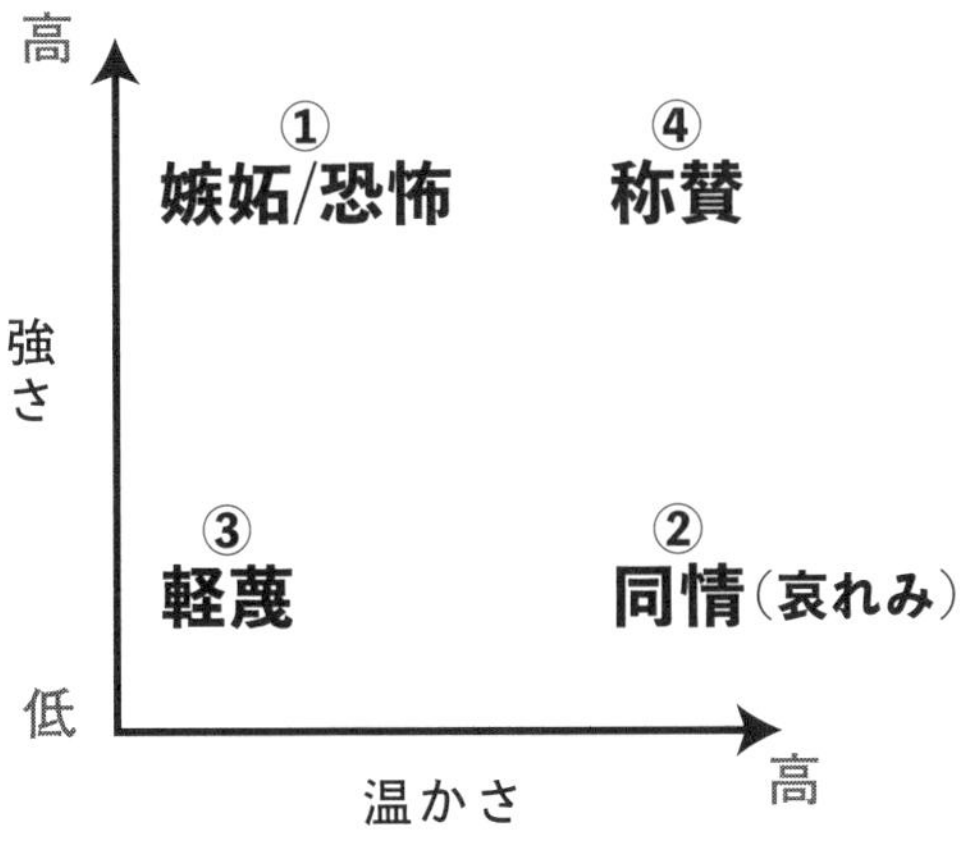
高
①
嫉妬/恐怖
④
称賛
強さ
③
軽蔑
②
同情（哀れみ）
低
温かさ
高

にこの二元論が存在していることに気づくようになります。

ビジネス界のスキル研修には「自己主張訓練」（強さ）があれば「感受性訓練」（温かさ）もあります。宗教の世界も例外ではありません。たとえば旧約聖書は、罰（強さ）を与える神をエロヒムと呼び、慈悲（温かさ）を施す神をアドナイと呼んでいます。「アメとムチ」という慣用句もあります。アメが温かさ、ムチが強さであることからわかるように、教育の場でもこの二つは重要とされています。

また、日常の風景に目を向けると、スーパーの駐車場には可愛らしいフォルクスワーゲン・ビートル（温かさ）の横に、大型車のハマー（強さ）が停まっていたりします。品定めの対象が人間であれ、モノであれ、抽象概念であれ、私たちは常にその特質を見極めようとしています。そして、物事の特質を見極める際には、必ず「強さ」「温かさ」という二つの要素がついて回るのです。

「強さ」「温かさ」という観点から自分自身の姿を見直せば、他人とうまく接する方法がわかってきます。

そして、目指すべきは、この「強さ」と「温かさ」を兼ね備えた人物です。

次のセクションでは、そのために必要な、具体的なポイントについて探っていきましょう。

COLUMN 1

自己主張の苦手な人々は、人前で本来の実力を発揮することができないことがよくあります。

能力の高さとは裏腹に押しが弱くリーダーシップに欠けるので、たいていの場合、彼らは上司のために難しい仕事をこなす専門家のままで終わってしまいます。

この対極がワンマンな人物――「いじめっ子」や「仕切り屋」と呼ばれる人々です。彼らは自らのやり方が唯一の正しい方法だと信じ、人々を強引に押し切ろうとします。

こうした極端な姿勢は、短期的な成果には結びつくかもしれませんが、同時に大きな社会的犠牲を伴うことになり、決してプラスにはなりません。

自己主張の強さやワンマンな性格は、実は血中の特定のホルモンと連動しています。なかでも中心的な役割を果たしているのがテストステロンです。いわゆる男性ホルモンと呼ばれるものですが、実際には男女の両方がこのホルモンをもち合わせています。男性のほうがはるかにその濃度が高いので、このように呼ばれています。

テストステロン濃度の高さは「高圧的な態度」や「危険をいとわない姿勢」と結びついています。

アドレナリンもまた「強さ」という面で重要な役割を果たしているホルモンです。怪我をした直後にはそれほど痛みを感じず、しばらくしてから痛みを感じ始めることがありますよね。痛みを感じさせないように働いているのが、このアドレナリンです。

こうした緊急時以外でも、**何らかのストレスにさらされたとき、アドレナリンは即座に心拍数や血圧を上昇させ、臨戦態勢を整えてくれます。**

そしてもう一つ、重要なホルモンとして挙げられるのがコルチゾールです。大舞台を前にして震えが止まらなくなったとしたら、それはコルチゾールの仕業です。**コルチゾールは不安感を高め、おどおどした弱々しい印象を生み出してしまう**のです。

「温かさ」と関わりの深いホルモンはエストロゲンとオキシトシンです。両者は昔から女性の生殖ホルモンとして知られてきましたが、テストステロン同様に、実際には男女の両方に存在しています。

最近の研究によって「温かさ」におけるこれらのホルモンの役割が明らかになってきました。**エストロゲンは「オープンな感情表現」や「人との触れ合いを好む性質」と結びついており、オキシトシンには心地良い一体感（=温かさ）をもたらす働きがある**というのです。オキシトシンの濃度の高さは、温かさの感覚や、仲間への協調や信頼を表す行為とつながっています。

Part 2

「見た目」と「固定観念」にとらわれない

あなたはどんな手札をもっている？

誰かに出会ったとき、真っ先に目に飛び込んでくるのは、性別、体型、ルックス、年齢といった特徴です。こうした**「ぱっと見の印象」によって、「強い人」「温かい人」といった印象のアウトラインはすでにでき上がってしまっています。**

性別、ルックスなどは、いわば神から与えられた「手札」です。どんな札を配られたにせよ、それらを存分に生かし、自らの優れた個性をアピールすることはできます。

それには、自分がどんな手札をもっているかをきちんと理解しておくことが大切です。

一つひとつのポイントから探っていくことにしましょう。

人間は、あらゆる外界からの刺激に対して瞬時に反応します。この反応は、ほとんど無意識のうちに行われますが、注目すべきはそのスピードです。

判断の正確さはさておき、初対面の人物と出会ったときにも、私たちは一瞬で判断しています。

とりあえず「あの人はこういう人間だ」と決めつけることで、安心して接する（もしくは接しない）ことができるからです。逆に、この決めつけ＝ステレオタイプ化をしないとコミュニケーションを進められないのです。

しかし、厄介なことに、いったん相手の人物像をつくり上げてしまうと、今度はそれと矛盾する事実をなかなか受け入れられなくなります。相手を自分の固定観念に縛りつけてしまうのです。

それどころか、矛盾点を見つけたとたん、その反発から悪い印象を抱いてしまうこともあります。静かな人だと思っていた相手から、ひと言厳しいことを言われただけで、「大人しそうな人だと思っていたのに」と嫌悪感を抱くといった具合です。

人はステレオタイプの呪縛から逃れられません。問題なのは、勝手なイメージに基づいており、実際の人格と矛盾することが多い点です。

公民権運動（アメリカで１９５０年代から１９６０年代にかけて行われた、黒人が公民権の適用と人種差別の解消を求めた運動）から半世紀以上を経た今日でも、アメリカでは白人男性はいわゆる特権階級とされています。これもステレオタイプ化の弊害でしょう。
しかし、初対面の人をステレオタイプを使って分類するのは、人間の脳に生まれつき備わった生き残るためのメカニズムなのです。それを念頭に置いた上で惑わされすぎないことが大切です。

性別によって求められる「強さ」と「温かさ」が違う

誰かと出会ったとき、真っ先に目に留まるのは相手の性別ではないでしょうか。男女の体型の違いは遠くからでも瞬時に見分けることができますし、たとえその差が微妙なものであっても、私たちはそれらを敏感に察知します。なぜなら、性別は人生のあらゆる局面を左右する要素だからです。

男性は一般に「強き者」と見なされます。もちろん、すべての男性が特別な強さを備えているわけではありません。しかし平均すれば、彼らは体格や腕力といった面で女性を上回っているといえます。

「ギャング」や「ボクサー」「厳父」など、「強い男性像」は数え上げればキリがありません。

男性は強さを感じさせると同時に、少し冷たい印象も与えます。その逆に、女性は温かい印象を与えますが、やや弱さを感じさせます。

こうしたイメージには生物学的根拠があります。男性の体内には多くのテストステロンが存在し、女性の体内には多くのエストロゲンが存在します。**テストステロンは「肉体的な強さ」や「決断力」と関連していますが、その半面、「他人への無関心」にも結びついています。**

逆に、**エストロゲンは「他者への共感」と結びついています。**

男性は「強き者」であることを期待されています。そのため、ワンマンな行動を取っても許されるだけでなく、むしろそれが功を奏することさえあります。

たとえば、「怒り」は男性にとってしばしばプラスに働きます。怒りは「強さ」を示す究極の感情表現であり、周囲の人々を従わせる力をもっています。ただし、怒りは「強さ」のアピールとしては効果的ですが、正当な理由もないのに怒り出したりすると、「温かさ」の面ではかなりマイナスになります。

怒りが決意の強さを物語っている場合、それを示すことによってステイタスが上がることもあります。

ある研究によれば、目標を達成できなかったときに怒りを露わにする人は、失敗を冷静に受け止める人よりも有能で、ステイタスが高く、高給に値すると見なされるのだそうです。なぜなら、怒りは失敗に対する悔しさの表れであり、その怒りのエネルギーはおそらく次のチャンスに向けられると考えられるからです。

「強き者」である男性は、「温かさ」や「弱さ」をあまり見せるべきではないと考えられてきました。そのため、多くの文化において男性が「人前で泣く」ことは嘲笑の的とされ、強さを発揮できない男性は、「臆病者」「弱虫」「女々しいやつ」といったレッテルを貼られてしまいがちです。

とはいえ、成功者の中には例外も大勢います。

ポップカルチャーのアイコンであるミック・ジャガーやデヴィッド・ボウイは中性的な魅力を売り物にしていましたが、それによって「強さ」や「魅力」が失われたわけではありません。むしろ、タブーに果敢に挑む姿勢によって、彼らは多くのファンを惹きつけ、「強さ」を増していったのです。

家父長的な古い世界観をもつ人々は、従来のステレオタイプから逸脱した男性を、

「女々しい」となじるかもしれません。

しかし、今や「強さ」の定義は、1950年代ふうの「理想の父親像」よりもはるかに幅広く、豊かなものになっています。「強さ」は画一的なものではなく、さまざまな形を取り得るのです。

研究によれば、男性は女性よりも「強さ」を感じさせるだけでなく、「強さ」と「温かさ」のバランスが取れていると見なされるそうです。女性が「温かみはあるが、強さに欠ける」とされるのに対し、男性は「強さはあるが、温かみに欠ける」とされます。とはいえ、その「冷たさ」はマイナスになるほどのものではありません。

つまり、男性は女性に比べて「強さ」と「温かさ」のバランスを取りやすいのです。

ギャップに振り回される女性

残念ながら女性の場合、話は少々込み入ってきます。

「温かみはあるが、強さに欠ける」という古典的なステレオタイプが根強く残る一方で、女性の社会進出はめざましく、そのギャップが深いからです。

古典的なタイプの女性は哀れみを呼び起こし、思わず守ってあげたくなります。しかし、社会という場では、「優しいだけが取り柄の、単なるお人よし」にすぎません。知性や野心などは望むべくもなく、社会人としての基本的なスキルを身につけているかどうかさえ怪しいところです。

このタイプの女性像は廃れてきてはいますが、決して消え去ったわけではありません。そのため、女性はいまだに高い能力を要する役職を与えられにくく、リーダーや管理職を任せてもらいにくい傾向にあります。

科学的根拠を重んじる研究者の世界でさえ、女性は同等の実力をもった男性よりも、能力が低いと見なされてしまうのが現状です。

それとは対照的なのが、いわゆる「男勝りの女」です。

このタイプの女性は「身のほど」をわきまえたりはしません。家庭に入り、夫に仕え、家事や子育てをこなすだけでは飽き足らないのです。

「強さ」や「野心」をもって、会社の重役に就いたり、起業したりします。こうした姿勢は、ともすれば社会秩序を脅かし、家庭放棄を招きかねない、と判断されます。

さらに「怒りっぽく、計算高く、感じの悪い人間」というイメージがつきまといます。

強さと温かさの「シーソー現象」と「ステレオタイプに矛盾することへの反発」が、極めて残酷な相乗効果を生み出してしまうのです。

男性上位の分野で「強さ」を発揮する女性は、シーソー現象によって「温かさ」が感じられなくなるだけでなく、「ステレオタイプ違反」として、むしろ冷たい印象を与えてしまいます。平たく言えば、「嫌な女」と見なされるのです。

女性がこれを克服するためには、能力や意欲において同じポジションにいる男性をはるかに上回る必要があります。

とりわけ男性優位な職種においては、女性に要求される能力のレベルはますます高くなります。「強い女」に対する反発や、彼女を取り巻く八方塞がりの状況は見過ごすことができないほどです。

たとえば、医療福祉職のような「温かさ」を絶対条件とする職場で活躍している場合でさえ、有能な女性はやや冷たい印象を与えてしまいます。

男性が賃金交渉を行うと好感度が上がりますが、女性の場合はむしろ下がります。

働く女性に子供ができると、「温かみ」は増すものの、キャリアウーマンとしてはマイナスになります。

ところが、男性の場合は違います。父親になったことで、「温かみ」が増す一方で、強さの面でもマイナスにはなりません。子供の面倒を見る責任は、主に母親にあるという風潮が根強く残っているせいです。

男性もまた旧式のステレオタイプの巻き添えを食うことはあります。

女性上司の下で働く男性は「女々しい」とされ、収入もダウンしてしまいます。こうした環境に置かれた男性は、女性よりも弱々しく見えるというデータさえあるほどです。

その結果、女性リーダーはさらなる問題を抱えることになります。有能な男性部下を従えることが難しくなるのです。

しかし、こうした悪条件にもかかわらず、現代は多くの女性リーダーが素晴らしい実績をあげています。彼女たちは責任感があり、手際が良く、対人スキルに優れているという評判を得ています。

有能な女性リーダー像が人々の心に刻まれるにつれて、旧来の偏見に満ちたステレオタイプは消え去り、女性に舵取りを任せることへの躊躇《ちゅうちょ》も徐々に薄れていくのではないでしょうか。

ヒラリー・クリントンの苦悩

女性リーダーの印象に関するケーススタディーの中で、最も興味深いのがヒラリー・クリントンの事例です。

ヒラリーが最初に国民的注目を集めたのは、1992年、夫のビル・クリントンの大統領選のときでした。当時の彼女は「女性」「リベラル」「子供の権利の擁護者」「南部出身のファーストレディー」といった、温かみを感じさせる条件をたくさん備えていました。

ですが、ヒラリー・クリントンの人となりを少しでも知っている人なら、実際はこうしたイメージとは正反対の人物であることに気づくでしょう。

アーカンソーの大手法律事務所で女性初のパートナーに上りつめたヒラリーは、数十年にわたり収入面で夫を上回っていました。

1992年の選挙期間中に彼女が口にした「家でクッキーを焼くことよりも仕事を

選んだ」という発言は、各メディアの猛反発を招いたほどです。その結果、ヒラリーは従来のファーストレディー像を守るべく、バーバラ・ブッシュと「クッキーレシピ対決」を行う羽目になったのです（結果はヒラリーの勝ちでしたが）。

彼女の圧倒的な「強さ」は、前述の「シーソー現象」と「ステレオタイプ違反」のおかげで、多くの国民の反発を呼びました。夫が大統領に就任すると、彼女には「策略に長けた冷たいお役人」というイメージがつきまとうようになったのです。

ヒラリーは深夜のコメディー番組で定番のネタにされ（一説によると、彼女は人類史上、最もジョークのネタにされた回数の多い人間なのだそうです）、強さはあるが、温かみに欠ける――そんなイメージとなった彼女には、「チラリー（冷たいヒラリー）」といったニックネームまでつきました。

そのヒラリーの支持率が急上昇したのは、夫とモニカ・ルインスキーの不倫スキャンダルが起こってからでした。多くの人々が「夫に裏切られた貞淑な妻」に同情したのです。

また、初めて上院選に出馬したとき、ヒラリーは選挙運動の一環として「有権者の声を聞くツアー」を行い、人々との対話を大切にする姿勢を打ち出しました。

これらの出来事によって彼女は徐々に「温かい人」というイメージを獲得し、民主党寄りのニューヨーク州選挙区において上院選を勝ち抜くに至ったのです。

その後、ヒラリーは上院軍事委員会の一員として再び「強さ」を発揮し、多くの将官から一目置かれる存在になりました。

2008年に大統領選に出馬した際には、自分がバラク・オバマよりも強く、経験豊かな候補者であることをアピールし、「午前3時に国家の有事を知らせる緊急電話が鳴ったとき、的確な対応によって国民の安全を守れるのはヒラリーだ」という有名なテレビコマーシャルまで流れたほどです。

徐々に温かさのイメージを自分のものにしていったヒラリーですが、やはり強さの部分ばかりが目立っていました。

アイオワ州党員集会で予想外の敗北を喫し、ニューハンプシャー州の予備選を目前に控えていた頃、そんなヒラリーのイメージを一変させる出来事が起こりました。

遊説先で、ある女性に「選挙戦をどうやって乗り切っているのか」と聞かれたとき、ヒラリーは珍しく感情を露わにしたのです。

「簡単じゃないのよ……簡単じゃない」

そう言いながら、彼女は涙で喉を詰まらせました。

「私にとって選挙戦はとても個人的なこと。単なる政治的な問題じゃないんです。私には現状が見えています。私たちはこの流れを変えなければなりません。選挙はゲームだという人もいるけれど、本当はそうじゃない——私たちの国や、子供の将来や、みんなの幸せがかかっているんです」

彼女は懸命に涙をこらえて話し続けましたが、感極まっていることは明らかでした。

「だから、どんなに疲れていても——実際、今もクタクタなんだけど。忙しくて、遊説中の健康管理——適度な運動をしたり、きちんとした食事をとることがままならなくても、国民を信じているからこそ、自らの主張を通すために、私はできる限りの努力を続けていきます。そして有権者の判断を待ちたいと思います。どうもありがとうございました」

その瞬間、**彼女の「強さの仮面」が剥がれ落ち、有権者のために立ち上がろうとする、温かく思いやりに満ちた女性の顔が露わになった**のです。

ヒラリーはそれまで見せたことのなかった素顔をさらけ出し、食事や睡眠、運動といった、誰もが共感できるような日々の苦労を打ち明けてくれたのでした。

翌日、ニューハンプシャーの有権者はヒラリーを支持しました。彼女はその後も予備選で次々に勝利を収め、候補者指名まであと一歩のところまでいきました。

結果的に勝利を収めることはできませんでしたが、この選挙活動によって彼女は歴史的な偉業を成し遂げたと言えるでしょう（2016年の大統領選では、候補者指名を受け、主要政党で初の女性大統領候補となりました）。

「女性に最高司令官が務まるのか？」という疑問を投げかける人は、もはやいなくなったのです。

ヒラリーのエピソードは、女性が反感を買わずに強さを発揮するためには、「強さ」と「温かさ」のバランスを巧みにコントロールする必要があることを物語っています。

それは同時に、私たちの「強さ」や「温かさ」が固定的なものではないことを証明しています。イメージはいくらでも修正可能なのです。

女性が「強さ」を使いこなすための三つの戦略

成功を収めている女性はこのような社会的偏見を見事に克服しています。しかし、その道のりは決して平坦ではありません。

重要なのは**「どうすれば強さを発揮できるか」ではなく、「どうすれば強さを発揮し、かつ、温かさを失わないでいられるか」**です。

女性が強さを見せつけると、たちまち反感を買ってしまいます。「強さ」自体が「冷たさ」を感じさせる上に、その行為がステレオタイプに反しているからです。

では一体どうすれば、「強さ」と「温かさ」の微妙なバランスをうまくコントロールできるのか？　ここからは、そうした疑問に答えながら、「強さ」と「温かさ」のメカニズムについて理解を深めていきましょう。

その1　「怒り」ではなく、「毅然とした態度」を示す

怒りは通常、女性にとってマイナスに働きます。

怒りが「強さ」を示す究極の感情表現であるため、「強さ」を見せるべきではないとされる女性が怒りを露わにしてしまうと、そのイメージだけですべてを判断される危険性があります。「怒りっぽくて好感がもてない女性」「情緒不安定で敬意に値しない人間」という具合です。

また、女性は「支配者側」に属していません。したがって、怒りという「支配的な」行動を見せることは、暗黙のルールを破ったことになります。

怒りは「温かさ」「能力」「地位」「賃金」といったあらゆる面において、女性にマイナスの影響を及ぼします。

では、女性が反発を買わずに異議を唱えるには、どうすればいいのでしょうか。

怒りを爆発させるのではなく、冷静に不同意を示し、感情をコントロールできていることをはっきりとアピールすればよいのです。

温かさを失うことなく、かつ、しっかりと異議を唱えることができれば、それに越したことはありません。

たとえば、ユーモアの効いた絶妙な切り返しは、「感じの良さ」や「物事に動じないイメージ」を高め、素晴らしい効果をもたらしてくれます。

もちろん、あらゆる場面でユーモアが功を奏するわけではありません。ときには「強さ」を前面に出す必要もあります。

そんな時は、真顔になって、毅然とした口調で話しましょう。

怒りを示したり、我を張ったりすることだけが「強さ」ではありません。「強さ」

とは、断固とした厳しい態度を取りつつ、自制心や穏やかさを失わないことです。

不当な立場に追いやられ、敵対ムードが高まってきたときに、平静を保つことは簡単ではありません。相手のほうに非があるという事実を決して忘れず、感情をコントロールしてください。実際、相手が感情的になっても冷静さを失わないこと自体が、その人の「強さ」の証明になります。重要なのは、不当な批判にはクールに、毅然として立ち向かうことです。

その2 「仲間への思い」を示す

状況によっては女性が怒りを露わにしても、反感を買わない場合があるという研究結果があります。

たとえば、愛する人に危害が加えられるのを見て、女性が怒りを露わにした場合、それに対して反感を抱く人はいません。兄が弟に暴力をふるっているのを見て、母親が「やめなさい！」と怒鳴っても、彼女を非難する人は誰もいませんよね。

女性が怒りを表すことへの許容度が高まるのは、肉親に危害が迫っている場合だけではありません。

イェール大学のビクトリア・ブレスコルとエリック・アールマンは、女性がさまざまな状況下で怒りを示したとき、人々がどのような反応を見せるかについて調査を行いました。

ある女性が、同僚と組んだ仕事で重要な顧客を失ったことに対して、怒りを露わにしたところ、人々は彼女を、その事実を冷静に受け止めた女性に比べて、能力が低く、高い地位に値しないと見なしました。

しかし、顧客を失った原因が「同僚のついた嘘」のせいだった場合、この女性が怒りを示したことを非難する人はいませんでした。むしろ、怒りを露わにしたことで、彼女の株は上がったのです。

同僚のチームワークに欠けた行為に怒りを示すことによって、彼女はより有能な人間と見なされたのです。

「強さ」と「温かさ」という観点から考えると、この女性は「強さ」の欠如（顧客の喪失）に対して怒りを示したことで反感を買いましたが、その一方で、「温かさ」の欠如（嘘をつくこと）に対して怒りを見せたときには高い評価を得たことになります。

このことは、**温かさ（従来の女性像に見合ったもの）と関連のある事柄について自**

己主張する場合は、人々の許容度がより高くなることを意味しています。

このように、女性のほうが適任とされるポジションがあるということです。このことは、他の研究でも指摘されています。

たとえば、組織内部で抗争が発生した場合には、女性のほうが仲裁役に向いていると考えられています（外的脅威への対応については、男性のほうが優先されます）。

つまり、女性は「温かさ」にまつわる事柄を処理することに長けているとされ、そうした分野では一目置かれているのです。

また、女性がチームや家族のために「強さ」を発揮しているとき、その「強さ」は「温かさの表現」と見なされます。

「強さ」が「献身性」と結びついている場合には、「強い女性」も認められるのです。

女性は、部下に命令や注意を与える際、あくまで集団の利益のために「強さ」を発揮しているのだということをアピールするといいでしょう。そうすれば、強さと同時に「温かさ」を演出することができます。

その3　「温かさ」のボリュームを大幅にアップする

女性は通常、「温かみはあるが、強さに欠ける（弱々しい）」とされています。したがって、女性が「強さ」を発揮したい場合は、「温かさ」のボリュームを下げれば、シーソー現象によって「強さ」が引き立ちます。硬い表情を浮かべて、ビジネスライクに振る舞うのも一つの手です。

しかし、ステレオタイプを真に克服できている女性は、「強さ」と「温かさ」のどちらもフルに発揮しています。

「強さ」と「温かさ」を兼ね備えた有名人は誰かと聞かれて、私たち米国人が真っ先に思い浮かべるのが、本書の「はじめに」でも名前をあげたオプラ・ウィンフリーです。彼女は「温かさ」を「強さ」に変えることができています。

トークショーのゲストのエピソードを語るときに見せる共感に満ちた表情は、全米の人々を魅了しました。同時に、彼女は一つひとつのエピソードの中の「悪役」を指摘し、善悪の区別を明確にしていました。

オプラはあるときは眉をつり上げ、あるときは厳しい表情を浮かべながら、彼らへの非難の意をはっきりと示していましたが、決して怒りに身を任せることはありませんでした。こうして一躍成功を収めた彼女は、芸能界きってのビジネスウーマンとしての「強さ」まで手に入れることができたのです。

元テキサス州知事のアン・リチャーズもまた「温かさ」に満ちた女性でした。彼女は「大きな子供」がひしめく政治の世界において、ユーモアにあふれた利発な南部女性として人々を魅了しました。

弱肉強食の政治の世界で成功を収めるためには「強さ」を武器にする必要がありましたが、アンは当意即妙の受け答えと満面の笑みによって成功しました。その結果、「感じのいい人物」という印象を与えることができたのです。

彼女は、女性が男性社会で味わう試練について、こんなウィットの利いた語り方をしています。

「ジンジャー・ロジャース（有名なミュージカル映画女優・ダンサー）は、パートナーのフレッド・アステアと同じことをやってのけた。それもハイヒールを履いて、後ろ向きでね」

オプラとアン・リチャーズに共通する勝利の方程式とは、「強さ」と「温かさ」の両方のボリュームを大幅にアップしたことです。

「強さ」を示せば周りから一目置かれ、「温かさ」を示せば、「強い女」に対する反感を和らげることができるのです。

年齢による「強さ」と「温かさ」

性別の次に注目すべきは、なんと言っても年齢でしょう。

年齢は、その人に初めて会ったときに、真っ先に目につく要素の一つであり、相手のこれまでの人生経験を知る手がかりになります。

1984年の再選の時点で、73歳のレーガン大統領はアメリカ史上最高齢の大統領でした。さすがの彼も、老いを隠せなくなってきていました（現在は2021年1月に就任したバイデン大統領が史上最高齢の大統領です）。

選挙戦で国中を回るうちに、レーガンは次第に疲労の色を濃くしていきました。対立候補である元副大統領、ウォルター・モンデールは55歳で、まだまだ元気そうでした。

案の定、その年の秋の討論会で、レーガンは「大統領の激務に耐えられる自信はあるのか」というストレートな質問を受けました。彼はそれに対し、「全く問題ありません」と答えました。さらに、「私は、年齢のことを選挙戦の争点にするつもりはありません。対立候補の若さや経験のなさを政治的に利用しようとは思っていませんから」と続けたのです。

これにはモンデール候補も苦笑せざるを得ませんでした。

確かに、年齢には二つの側面があります。

人は年とともに経験を重ね、賢くなっていきますが、ある時点を境にして衰えはじめるのも事実です。年を重ねているほうが好ましいことと、そうでないことがあり、特に体力面を重視する場合はなおさらです。

人間の年齢と強さの関係をおおざっぱに表すと、次ページ図のようにつりがね型の曲線をたどります。

往々にして、人は幼児と高齢者に対し、より「温かみ」を感じます。幼児や高齢者は、日常生活においてさまざまな介護やケアを必要としている「弱い」対象で、人は「弱い者」に対して本能的に同情を覚えるからです。子供は他人の世話にならなければ生きていけないからこそ、あのような可愛らしい姿で生まれてくるのです。

人は老いについて、一括りに考える傾向があると言います。

たとえば祖父母や両親、親戚のおじやおばなどが、人の名前をなかなか思い出せなくなったり、車の運転がおぼつかなくなったりしているのを一度目すると、生活全般

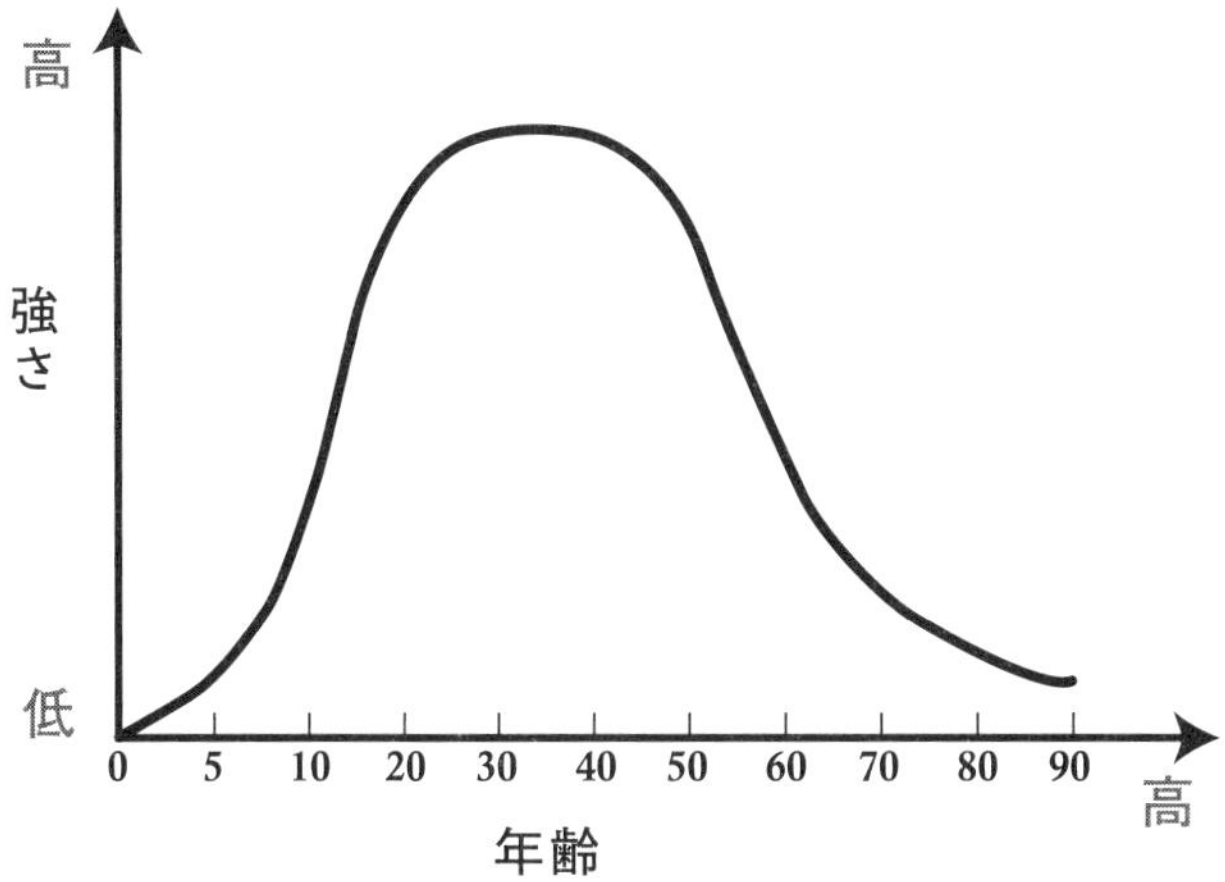
高
強さ
低
0
5
10
20
30
40
50
60
70
80
90
高
年齢

において彼らの能力が衰えたように思ってしまいがちです。「思い出すのに時間がかかるようになっただけ」とは考えないのです。

つまり、**年配者の能力が衰えたことばかりに着目してしまい、まだまだ大丈夫というサインを見逃してしまうのです**。

レーガンは若さという側面において、対立候補であるモンデールに敵いませんでした。そこで、高齢であることを逆手に取り、人生経験や政治家としてのキャリアに言及し、反対にモンデールのその若さが弱みにもなりうることをアピールしたのです。

私たちは「老人」とそれ以外の人をどうやって見分けているのでしょうか？

肌のしわ、たるみ、白髪、薄毛、遠くなった耳、曲がった腰、よろよろした足取り、ぎこちない動作、低くしゃがれた声など、肉体的な老化現象を判断材料としている人が多いかもしれません。

面白いことに私たちは、これらすべての老いの兆候から総合的に他人の年齢を判断しているわけではありません。最も顕著な老いの兆候のみに注目し、その他の点については見過しているのだそうです。

たとえばレストランで、近くのテーブルに身なりのいい女性が座っていることに気づいたとします。少々しわの寄った顔から察して、歳は50代くらいでしょうか。昔バレエでもやっていたのか、背筋がピンと伸びています。

パッと見ただけでは、年齢を当てるのが難しい女性です。しかし、いったん彼女が椅子から立ち上がると、関節炎でこわばった手足の動きが目に留まりました。その結果、彼女の推定年齢はたちまちアップすることになります。

極端に若く見せる必要はありませんが、実年齢以上に見られることは「強さ」の面でマイナスになることもあります。

つまり、実年齢よりも見た目年齢のほうが「評価」において、大きく影響するというわけです。

ここで、より多面的で厄介な問題が登場したことに気づいたでしょうか。「見た目」というテーマです。

顔立ちが与えるインパクト

私たちは相手を「顔」で見分けています。個人を識別する上で最も欠かせないパーツといえるでしょう。しかも、単に見分けるためだけでなく、互いに「顔」から多くの情報を得て、コミュニケーションを取っています。

「顔」から得られる情報の大部分は、「表情」に関連します。

表情は、本人の心理状態と深く結びついています。浮かべている表情こそが、「中身」を物語る、重要な視覚的ヒントなのです。

私たちは通常、全く無表情で街を歩いているわけではありません。しかし、自分の表情がさまざまなシグナルを発していることにはっきりと気づいているケースはまれです。自分としては元気に過ごしていたつもりなのに、友人から「どうしたの？」と聞かれたとしたら、おそらくその友人はあなたの表情から、本人も気づいていないような微妙なシグナルを読み取ったのでしょう。

「顔立ち」もまた大きな要素です。

いかにも強そうな顔立ち、たとえば、キリリとした眉や意志の強そうな目、えらの張った顎《あご》などは、「強さ」を感じさせます。

丸いおでこや垂れた目じりや笑いじわがあるなど温かみのある顔立ちは、「温かさ」を伝えてくれます。

ほかにも様々な顔立ちの人が、世の中にはいます。中には、顔立ちそのものが「笑顔」や「しかめっ面」に見える人もいます。

鼻が大きかろうが小さかろうが表情に変化は出ませんが、もともと口角が上がっていたり、への字口だったりした場合、何もしなくても微笑んでいるように見えたり、怒っているように見えてしまいます。

生まれつき「笑い顔」や「怒り顔」だとしても、その表情が示すような性格の持ち主とは限りません。しかし、受け取る側からすると、その表情がすべてと言っても過言ではありません。

また、英語には「〝Why the long face?〟（なぜ浮かない顔をしているんですか？）」という表現があります。

long face、つまり面長な人は、普通にしていても悲しそうに見えることがあるからです。これは、悲しい表情を浮かべるときに、唇の位置がやや下がり、顔全体が長く見えることに起因しています。

顔のパーツを縦方向にギュッと縮めたような顔立ちは、まるで怒っているかのように見えます。なぜなら、額にしわを寄せ、下唇を突き出した「ポパイのしかめっ面」

にそっくりだからです。

このように顔立ちによって、本人も気づかないうちに、無意識のうちに他人とのコミュニケーションを妨げられていることもありえるのです。

逆に、顔立ちの与えるイメージで得をしている人もいます。

たとえば、生まれつき「笑い顔」の人は、おおむね他人と良好な関係を築くことができます。

研究によれば、外向的な人は、頬の幅が平均よりもやや広めな場合が多いそうです。つまり彼らは、満面の笑みを思わせる顔立ちをしているのです。

実際、頬の幅が広い人は、周りから気軽に声をかけてもらえます。なぜなら、人々はこうした顔立ちを「好意的な表情」と解釈するからです。

顔立ちは遺伝もあり、簡単には変えられませんが、緩和することは可能です。

無表情の時の自分の顔を確認し、少しでも不安要素を感じたなら、日頃から人から敬遠されないよう、表情に意識を向けることが必要です。

ホルモンが顔をつくる

子宮の中で胎児の顔ができ上がっていくとき、彼らはテストステロンやエストロゲンといったホルモンのシャワーを浴びています。そして、これら二つのホルモンの割合は個体ごとに異なっています。

それぞれのホルモンには、特定の顔の特徴を発達させる働きがあります。

テストステロン値が高い場合、突き出した眉骨、少し大きめの鼻、ややがっしりした顎といった特徴が目立つようになります。

一方、エストロゲン値が高い場合、やや大きめの瞳、広い額、小さめの顎といった特徴が現れます。

「強さ」を表す表情として、「眉間にしわを寄せる」「歯を食いしばる」「小鼻を膨らませる」などがあげられますが、テストステロンによってつくり出された顔の特徴はみな、こうした表情と似通っています。

眉骨の突き出た顔は、眉間にしわを寄せたしかめっ面を彷彿とさせますし、えらの張った顔は、歯を食いしばっている表情を連想させます。さらに、大きめの鼻は、怒りで小鼻を膨らませている様子を思わせます。

一方、**目を大きく見開いた表情は「温かさ」を感じさせます**。**眉を上げることは「服従」のシグナルの一種です**。**これらの表情はエストロゲンによってつくり出された顔の特徴と似通っています**。

とはいえ、顔立ちをつくり上げているのは遺伝子のみとは限りません。その人の性格によっても、顔つきは変わってきます。

ジョージ・オーウェル（20世紀前半に活躍したイギリスの作家、ジャーナリスト）はこう言っています。

「50歳になると、誰でもその人格にふさわしい顔になる」

長年の間笑みを絶やさなかった人は目尻に「カラスの足跡」、口元に笑いじわをつくりあげ、常にしかめっ面だった人は、額に深いしわが刻まれていきます。まさにオーウェルの言葉どおりというわけです。

美しい人は本当に得か？

見た目というテーマを取り上げた以上、「美しさ」について語らないわけにはいきません。

外見的な魅力はその人の魅力の一部でしかありませんが、間違いなく大きな意味をもっています。容姿の美しさは世の中との関わり方を大きく左右するため、人物評価において重要な役割を果たしています。

これはとりわけ女性について言えることです。なぜなら、人類の歴史の中で、長い間、女性は社会的地位の低さゆえに、男性に比べて容姿を厳しく品定めされる機会が多かったからです。

容姿の美しさには、人々の目をくらませ、判断力を失わせる効果があります。たとえば、文章を評価する場合、作者の外見が魅力的なほうが、評価が上がるという調査結果も出ています。

これは前述の「ハロー効果」のおかげです。つまり、誰かがある一つの側面（ここでは容姿）において優れている場合、別の側面も優れているように見えるのです。時として、私たちは美しい人々のご機嫌を取るために、彼らを高く評価することもあります。**ある研究によれば、人は見知らぬ相手から頼みごとをされたとき、相手の容姿が魅力的だと、そうでないときに比べて積極的な対応を見せる**のだそうです。

このような場合、私たちは美男美女に対して、旧友に接するときと同じくらい親切になると言われています。

容姿の美しい人には多くのメリットがあります。可愛い顔をした子供は両親や教師の注目を集め、賢く見られます。また、見た目のいい人々は、より高収入を得ることができますし、美しい女性は上流階級の家庭に嫁ぐ機会に恵まれる可能性が高くなります。

2011年にイギリス王室ウィリアム王子と結婚したキャサリン妃こと、ケイト・ミドルトンは、ウィリアム王子にひと目惚れされて交際にいたったといいます。王子の同級生の中で最も美しい女性の一人だったに違いありません。

美しさは「強さ」（生殖能力）とも結びつくという説もあります。女性を美しくさせるホルモンの一部は、子供を授かりやすくする働きをもっているのです。

「強さ」「温かさ」をはかる究極の尺度は、「その人を見た瞬間にどんな感情が湧き上がってくるか」です。

美しい人を見たとき、私たちは「称賛」の念を抱きます。つまり、彼らは外見だけで「強さと温かさを兼ね備えた人」に当てはまることになります。

なぜなら、「美」には「温かさ」が伴っており、同時に、紛れもなく「強さ」を感じさせる一面があるからです。

美しさは人々を動かし、その持ち主に社会的な権力をもたらすのです。

では美しい女性は、いつでも得をするのでしょうか。

フランスのミュージシャン、セルジュ・ゲンズブールはかつて、こう言いました。

「醜さはある意味では美しさよりも優れている。醜さのほうが長持ちするからだ」。

確かに、美しい人は老いの悲しみに加えて、その美しさがだんだん衰えていくことにも向き合わなければなりません。これは彼女たちの精神に深刻な影響を与えます。

見た目の美しさだけを心の支えにしてきた人であれば、なおさらです。

人目を引く美しさには、さらなるマイナス面がつきまといます。美しい女性は、多くの人々からの注目を浴びますが、こうした視線は必ずしもありがたいものではありません。内気な女性であればなおさらでしょう。

彼女たちは常に容姿を意識するように求められ、それがゆえに楽しいことに集中できなくなってしまう可能性があります。

彼女らをライバル視し、勝手に嫉妬心を抱く人もいます。

美人に対して親切に接しているのに、向こうが少々つれない態度を取った場合、人はしばしば彼女たちに憤りを感じたりもします。「せっかく親切にしているのに、好意に応えてくれないなんてひどい」と思うのです。

また、美人はときとして「無能で退屈な人間」というレッテルを貼られることがあります。世界をひざまずかせるような美しさをもっているのだから、努力して自分を磨いたりはしていないだろう、などと勝手に決めつけられるのです。

それればかりではありません。美人は往々にして頭が良くないと見なされ、周りから軽視されたりします。

正統派の美人女優であるシャーリーズ・セロンは、決して恵まれた生い立ちではなく、大きな挫折も味わいながらたくましく生き抜いてきた女性であり、映画『モンスター』で醜い殺人鬼を演じてアカデミー主演女優賞を取るほどの演技派でしたが、女優となってしばらくの間は、セクシーな役ばかりオファーされ続けたそうです。

現実世界において、美男美女であることは、必ずしもいいことずくめではないのです。

美しさの方程式

そもそも「美しさ」とは一体何を意味するのでしょうか？「絶対的な美の基準」などというものはあるのでしょうか？

答えは単純ではありません。確かに、共通の「美の理想像」といったものは存在しますが、同時に、私たちの美に対する認識は、その他の要因によって大きく異なってきます。

古代ギリシャ人は「黄金比」と呼ばれる概念を発見し、それが理想的な顔のバランスを表していると考えました。

「『目と目の間』の長さと『鼻の幅』が同じ」や、「『顔の横幅』が『鼻の幅』の4倍」などです。最近では、美の謎を解き明かしてくれるのは「顔の対称性」だという説も出ています。

このように私たちを悩ませてきた「美の方程式」が今、コンピューターの画像処理技術によって、ついに解き明かされようとしています。研究者は、人々の顔の画像を意のままに操作し、どんな顔が「美男美女」と判定されるのかを突き止められるようになりました。

究極の判断基準を見出すには至っていないものの、数多くの「決め手となる要素」を導き出したところ、次のことがわかったのです。

人々が認める「美男美女」とは、いわゆる「平均顔」、あらゆる人々の顔を混ぜ合わせた顔立ちの人物のことであり、平均的な鼻、頬、目、口をもった、まさしく「平均的な顔立ち」の人こそが、実は美しい人物とされるというのです。

このことは、コンピューターの画像処理によって簡単に実証できます。あらゆる女性の顔の画像を混ぜ合わせれば「美人顔」になり、あらゆる男性の顔の画像を混ぜ合わせれば「美男顔」ができ上がるのです。

平均顔の人の目鼻立ちを詳しく観察すると、造作の一つひとつが、どことなく懐かしさを感じさせるものであることに気づきます。こうしたなじみ深さもまた、見る人に心地良い安心感をもたらしているのかもしれません。

生物学的な観点から見ると、典型的な特徴を備えているということは、その個体が健康であることを物語っていると言えます。

さらに、雑種強勢（遺伝的な素質が大きく異なる親から生まれた子供は、より優れた形質を示す可能性が高いこと）という現象も存在します。これは近親交配のちょうど逆のケースだと考えるといいでしょう（ハーフの子供が非常に美しいのも、あるいは雑種強勢のせいかもしれません）。


「平均顔」が美しいという説は、確かにわかりやすく、もっともらしく聞こえます。

しかし、世の中には「平均顔」を上回る美しさの持ち主がたくさんいます。美の基準を超えるこうした魅力は、一体どのようにしてもたらされるのでしょうか？

実は**女性の場合、顔の造作の一部を微調整し、より「女らしく」することで、さらに魅力的な顔をつくり上げることができる**のです。

平均顔に「ひねり」を加えると、ほっそりした鼻をもったナタリー・ポートマンや、つぶらな瞳のズーイー・デシャネル、大きな口がチャーミングなラシダ・ジョーンズ、ふっくらとした唇のアンジェリーナ・ジョリーができ上がります。
また、顔のパーツを全体的に下方向に「ずらす」ことによって、広い額と小さな顎をつくり出し、両目をほんの少し離れ気味に配置すると、やや個性に欠けるものの、万人の認めるような美人を生み出すことができます。

最も魅力的な顔は「強さ」と「温かさ」のバランスが良い

ただし、あまり大胆に手を加えると、たちまちグロテスクな「モンスター」ができ上がってしまいます。「平均顔」とそれを上回る美しさの違いは極めて微妙であり、写真上で識別することは非常に困難です。

しかし、私たちは本能的にとても優れた顔の識別能力を備えているため、こうした違いを簡単に見抜き、若き日のキーラ・ナイトレイとナタリー・ポートマンを簡単に区別することができるのです。

顔の造作をより「女らしく」すれば、平均顔を上回る美人ができるという説には、一つだけ注意書きがあります。

最高に美しい女性の顔は、「あらゆる造作をより女らしくした顔」ではないのです。女らしい顔とは、赤ちゃんと同様に、やや丸顔で、目と眉の間隔が広い顔を指します。

一方、**最も魅力的な女性の顔は、むしろこれとは逆の特徴を持っています。シャープなフェイスラインをもち、目と眉の間隔が狭くなっているのです。こうした顔立ちは「しなやかな強さ」を感じさせます**。

ここでもやはり、最も称賛を集めるのは、「強さ」のシグナルと「温かさ」のシグナルをバランス良く発している顔なのです。

実際、研究によれば、顔立ちの一部に男性的な要素が含まれている女性は、いかにも女らしい顔をした女性に比べて、より冷静で、地に足が着いている印象を与えるそうです。

これは、女らしい顔立ちが時として「女性は情緒不安定である」という時代遅れのステレオタイプを呼び起こすからです。

同様に、女性的な顔立ちをした男性は「温かい人」という印象を与え、いかにも男らしい顔立ちの男性は、やや尊大な印象を与える可能性があります。

では、男性の場合はどうでしょうか。

魅力的な男性の顔をつくり出すには、実は女性と同様に「平均顔」の造作の一部を微調整して、「女らしく」すればいいのです。

こうすることで「男らしさ」はやや弱まりますが、その半面、美男度はむしろ高まるというデータが出ています。

最も魅力的だとされるのは、いわゆる美しい優男《やさおとこ》顔です。オーランド・ブルーム、ジェームズ・フランコの顔を思い浮かべてみるといいでしょう。

やや男性的なタイプとしては、ジョージ・クルーニーやロバート・レッドフォードなどがあげられます。

とはいえ、男性の顔に対する人々の好みは、女性に対するものに比べ、一様ではありません。

男性は女性ほど容姿を厳しく品定めされるわけではなく、その魅力を左右するのは、彼らの性格のほうだとされています。

重要なのは、女性的な顔立ちは「温かさ」を感じさせ、男性的な顔立ちは「強さ」を感じさせること、そして、最も称賛を集める顔立ちは、その両方の要素を持っているということです。

なじみの顔が美しい

強さと温かさを兼ね備えた「美の理想像」は誰もが認めるものです。しかしそれは、決して絶対的なものではありません。

人は、それぞれ微妙に異なった、独自の美の基準をもっています。それも、**なじみの深い顔に基づいて、自分だけの美の基準をつくり上げているのです。**

この場合、その基準になるのは友人や家族などの顔です。

また、かつての知り合いとよく似た顔立ちの人々に出会ったとき、知り合いに対して抱いていた印象が投影されることがあります。

たとえば、鼻の形が以前の恋人と似ている人に出会ったとき（それが見栄えのいい鼻でなかったとしても）相手に対して何となく好感を覚えたりします。私たちはそれぞれ異なった人生経験を積んでいるため、美の基準も少しずつ違っているのです。

それに、実験の場とは違って私たちは普段、お互いの顔を「無表情な静止画」として見ているわけではありません。顎が突き出した男性は、写真だけではやや強面な印象を与えますが、彼が優しい笑顔を浮かべ、柔らかい物腰で人々と接しているのを目の当たりにすれば、その顔が非常にハンサムに見えてくるかもしれません。

女性についても同じことが言えます。顔立ちそのものは整っていなくても、笑うと独特の愛嬌がある人もいます。私たちはお互いを「顔写真」だけで判断しているわけではないのです。

反対に、当初は印象的だった美しさが、たちまち色あせてしまうこともあります。単に年齢とともに衰えていくだけではありません。知り合ってから数分のうちに、印象がガラリと変わってしまうことがあるのです。

容姿が最も大きな影響を及ぼすのは、初対面の瞬間です。その後、彼らの立ち振る舞いや話し方、物の考え方などを観察し、「強さ」や「温かさ」のシグナルを感じ取るうちに、彼らの容姿に対する評価は徐々に変わっていきます。

これはステレオタイプに基づく印象が、相手を知るにつれて薄れていくことと非常に似ています。付き合い出すと、当初は目についた表面的なシグナルが、たちまち気にならなくなるのです。

誰もが認めるような美しさの持ち主に出会ったとき、私たちはまず、その見栄えの良さに心を打たれます。しかし、ほんの数分会話を交わすうちに、容姿ではなく、彼らの行動や人との接し方によって彼らを判断するようになるはずです。

人々の魅力はさまざまな要素から成り立っており、容姿の美しさはその一部でしかありません。

結局のところ、誰に魅力を感じるかを左右しているのは容姿だけではなく、もっと複雑な心理が働いているのです。

私たちはまず相手の顔立ちに注目し、その人柄を推測したり、美醜について判断を下したりします。しかし、こうした判断は重要ではあるものの、その人の魅力を決定づけるものではありません。

美人に対して全く魅力を感じないこともあれば、大して器量の良くない人物に強く心を引かれることもあります。容姿に恵まれなくても、容姿以外の「強さ」や「温かさ」のシグナルが功を奏していれば、恋愛においても不自由することはありません。一方、たとえ美しい容姿をもっていても、それをうまく活用できなければ、みじめな結果に終わることも多いのです。

体型がもたらすイメージ

体型は多くのことを物語っています。

突然、見ず知らずの力士のような体型の男性が家に訪ねてきたときと、小柄で細身の男性が訪ねてきたときとでは随分違った対応になるでしょう。

人はみな、相手の体型――「背が高いか低いか」「痩せているか太っているか」などを常に確認しています。真っ先に頭に浮かぶのは、相手は敵か味方かという問いです。続いて、その人物の能力やバイタリティー、外見的な魅力といった全般的な評価が下されます。

体型に対する人々の考え方は、性別や人種にまつわるステレオタイプや文化的な価値観に縛られており、「理想的な体型」は、各文化の価値観によって異なっています。ある国では「健康」と見なされる体型が、別の国では違ったとらえられ方をすることもあります。

たとえば、食料に乏しい国では、ふくよかな体型は富（強さ）の象徴ですが、先進国ではそうではありません。

ただ、各文化に特有の理想体型がある一方で、万国共通の価値観もあります。美の基準は文化によって異なるものの、男性の「肩幅・ウエスト・ヒップ比」など万人の好むプロポーションが確かに存在するからです。それらのプロポーションは、魅力を表す「世界共通語」と言えます。

その他の重要項目として、背の高さや肉付き（痩せぎす、中肉、太りすぎ、筋骨隆々）などがあげられます。

たいていの場合、**大柄な人は「強さ」を感じさせます**（大柄という言葉は「背の高さ」と「横幅の広さ」の両方を指しています）。

「背の高さ」と「リーダーシップ」の相関関係は数多くの研究によって指摘されており、高身長の男性ほど収入が高くなるというデータも存在します。長身の人はより有能で、自信に満ちているように見えます。

また、肩幅が広く、筋骨隆々な人は、たとえ上背がなくてもパワフルな印象を与えます。

ただ、女性が「高身長」や「がっしりした体つき」といった男性的な特徴をもっている場合、そうした肉体的な「強さ」は旧来のステレオタイプに反しており、激しい反発を招く可能性があります。

男性でも女性でも言えるのは、小柄な人は、その体格のせいで見くびられる恐れがあるということです。特に「強い者」とされる男性の場合、上背のなさはその期待裏切ることを意味します。背の低い人や痩せぎすの人、体格の華奢な人は、弱々しく、取るに足らない存在と見なされる可能性があるのです。

小柄な人の中には、あえて攻撃的に振る舞うことで「強さ」を演出しようとする人もいます。これは俗に「ナポレオン・コンプレックス」と呼ばれます。

ロシアの大統領ウラジミール・プーチン（公称170センチ）もその一例です。やたらと上半身裸の写真を撮らせたり、格闘技に取り組んでいる写真を見せびらかしたりするのは、「強さ」への執着の表れだと言えるでしょう。

俳優のダニー・デヴィートは身長の低さを逆手にとって「ナポレオン・コンプレックス」をユーモラスに演じることでキャリアを築き上げました。

しかし幸いなことに、「ナポレオン・コンプレックス」的な極端な行動に走らなくても、小柄な体格を克服する方法はあります。

私たちのクライアントの一人は、身長165センチほどの細身の男性ですが、常にパリッとしたスーツで決めることで「強さ」を発揮しています。その出で立ちからは、彼の真摯な姿勢がはっきりと伝わってきます。

おかげで彼は、自分の体格が与える印象を気にすることなく、自信をもって相手と接することができるのです。この男性はまた、常に笑顔を絶やさないことによって、フォーマルな服装とのバランスをうまく取っています。

障害のある友人、ダニエルの「強さ」

私の友人にダニエルという、とてもチャーミングな男がいます。彼は才能にあふれた人間であり、世界中を取材で駆け回り、スポーツ界のヒーローに関する素晴らしい記事を書いています。

ダニエルと出会ったときに真っ先に目に留まるのは、そのとびっきりの笑顔です。まるでこの場所にいられる喜びを全身で表現しているかのようなのです。

彼と数分ほど会話を交わした後、ようやくあなたは彼のぎこちない姿勢や、片足を引きずるような不自然な歩き方に気づくことでしょう。彼は10歳のときの交通事故で片足が不自由になり、スポーツ選手になる夢を絶たれていたのです。ダニエルは決して完璧な人間でもなければ、常に上機嫌な男でもありません。ときにはけんか腰になったり、皮肉を言ったりすることもあります。とはいえ、ダニエルという人間の基調を成しているのは「生きる喜び」であり、彼の表情はそれを物語っています。

ダニエルは「温かみ」にあふれた人間です。しかし繰り返しますが、人々を魅了するためには「強さ」も兼ね備えなければなりません。

障害者である彼が、なぜ「強さ」を発揮できているのでしょうか？

ダニエルの輝かしいキャリアやその文才は間違いなくプラス要因です。しかし肝心なのは、**彼が障害を「マイナス要因」ではなく「利点」にしている**という点です。

もちろんこれは、彼が障害を利用して人々の同情を買い、取材を有利に進めているという意味ではありません。障害を負ったからこそ、ダニエルはより魅力的な人間になることができました。人々はハンディキャップを抱えても前向きに生きるダニエルの姿から、彼の人間性を感じ取ったのです。

障害は本質的には「弱さ」と見なされます。しかし、障害を抱えて生きることは必ずしも「弱さ」につながるわけではありません。むしろそれが、ダニエルのように「強さ」を感じさせることもあります。肉体的な強さではなく、人間的な強さを、そして最終的にはこうした「強さ」こそが人物評価を左右するのです。

「意志の力」が「肉体的な力」に勝ることは、改めて言うまでもありません。

健常者が、目で見える障害を抱えている人に出会ったとき、多くの人は、まずたじろぐでしょう。五体満足ではない人体を目にすることは、本能的な違和感を呼び起こすからです。

続いて湧き上がってくるのは、彼らへの同情です。「つらいだろうな。あんなふうに常に不自由な体を抱えて生きなければならないのだから——」。

したがって、私たちの当初の反応は「違和感」と「同情（温かみ）」がないまぜになったものだと言えます。

私たちは障害を負った人々の心情を想像しながら、相手の発する非言語シグナルを読み取り、彼らの思いを探ろうとします。

このとき、ポジティブな感情があまり伝わってこなければ、私たちの気持ちは、当初の「違和感と同情」にとどまったままです。ポジティブさどころか、障害者から自分の境遇を呪う感情を感じ取ったりすると、当初の違和感がますます強くなり、相手への同情心はむしろ薄らいでしまう可能性があります。

しかし、彼らが満面の笑みを浮かべ、ポジティブな感情をふりまいていた場合、私たちはたちまち同情心をかき立てられます。そこには単なる哀れみ以上の気持ちが含まれています。障害者の境遇を想像し、その心情に思いをはせていた私たちは、逆境にあって笑顔で生きている彼らの「強さ」に心を打たれるのです。

さらに、温かい笑顔に加えて、自分の境遇を完全に克服できていることをうかがわせる「自信」や「安らぎ」が彼らから伝わってきた場合、その「強さ」はますます人々を感服させます。

彼らの精神力に完全に脱帽し、もはや彼らに対する「やましさ」を感じなくても済むようになります。何の問題もなく人生を過ごしている彼らは、同情すべき存在ではないのですから。

こうして私たちは、自分だけが幸運に恵まれていることに対する後ろめたさから解放され、安堵することができます。それもこれも、彼らの「人間的な強さ」のおかげです。

真の肉体的な弱さは、真の人間的な強さにつながり得るのです。

もちろん、「障害は素晴らしいたまものだ」と言うつもりはありません。しかし、障害のマイナス面のみに目を向けることによって、そのプラス面を見失ってしまい、せっかくの利点をフルに生かすことができなくなる可能性があることは確かです。

逆境は人間を鍛えます。こうした恵まれない境遇において、多少なりとも「強さ」や「温かさ」を発揮できている人こそ、称賛に値する人間だと言えるでしょう。

ベビーフェイスの苦悩

COLUMN
2

たいていの人々は成長するにつれて可愛らしさを失っていきますが、中には大人になっても子供のような顔つきのままの人もいます。こうした特有の顔立ち——丸顔、大きな瞳、広い額、いわゆる「ベビーフェイス」には特筆すべきことがあります。

研究によれば、**ベビーフェイスの人は「温かみはあるが、強さに欠ける」と見なされる傾向がある**そうです。その結果、彼らの人生は周りの人々の反応によって大きく左右される可能性があります。統計によると、ベビーフェイスの人々には、医療福祉職（「温かさ」が最大の美徳とされる仕事）に就いている人が目立つと言います。

女性の場合と同様に、ベビーフェイスの人がステレオタイプに違反したときにも、激しい反発が起こります。

たとえば、彼らが故意に犯罪を犯したことを裁判で認めた場合、その他の被告よりもかなり厳しい判決が下されます。善良そうな仮面の下に犯罪行為を隠していたとされ、ひときわ悪質で危険な人物だと判断されるからです。

「ベビーフェイス＝温かい人」という暗黙の約束を破ったがために、彼らの犯罪はよりショッキングな印象を与えてしまうのです。

生まれもった顔立ちがこれほど人生を左右することを考えると、すべての運命は遺伝子で決まってしまうのではないかという気さえしてきますね。

しかし、「強さ」「温かさ」を示すシグナルは無数にあり、「顔立ち」はあくまでその一つにすぎません。

Part 3

「強さ」と「温かさ」を
効果的にアピールする方法

「手札」以外ならコントロール可能

性別、年齢、容姿などが発するシグナルは、ほぼ固定的なものです。整形手術でもしない限り、それらを大きく変えることはできません。

しかし、こうした基本要素は、人物評価の「決め手」にはなり得ません。

結局のところ、人格とは、もって生まれた容姿や性別などによって決まるものではなく、自分自身でつくり上げていくものです。人物評価の決め手となるのは、あなたの行動、とりわけ他人との接し方なのです。

私たちはあらゆる行動を自覚できているわけではありません。たとえば、考え事をしているときには、無意識のうちに難しい顔をして歩き回っているかもしれません。全く言うつもりのなかった言葉が思わず口をついて出てくることもあります。

おかげで面倒に巻き込まれたりもしますが、こうした行為は本能的なものです。私たちは自分が発しているひと言ひと言に、常に細心の注意を払っているわけではないのです。

しかし、無意識の行動が多い反面、それらの**大部分は、心がけ次第で意識的にコントロールできる**ものばかりです。

他人に好印象を与える行動パターンを学ぶことは可能です。

注意を払えば誰でも、望ましい行動を取れるようになるのです。この種の行動変革の中には、多くの訓練を要するものもあれば、ほんの少し想像力を働かせるだけでマスターできるものもあります。

ここからは、「強さ」や「温かさ」を演出するためのさまざまな手段を紹介し、年齢、容姿といった、神から与えられた「持ち札」の弱点を補う方法を探っていきたいと思います。

非言語コミュニケーションを活用する

「身体は言葉にできないことを伝えることができる」

マーサ・グレアム

（モダンダンスの開拓者一人として知られるアメリカの舞踏家、振付師）

ダーウィンの時代から、研究者たちは人の「立ち居振る舞い」とそれが社会に及ぼす影響力について着目していました。1970年代にUCLAのアルバート・メラビアン教授が行った、感情の伝達に関する有名な実験があります。

メラビアン教授によれば、誰かに話しかけられたとき、私たちはさまざまなシグナル──「声の調子」「表情」「姿勢」「ジェスチャー」「発話内容」──を参考にして相手の気持ちを探ろうとします。

では、これらの中で最も重要な働きをしているのはどれでしょうか？

その答えを探るべく、ある実験が行われました。

しかめっ面をしながら、「お会いできてとてもうれしいです」と言って相手の反応をうかがってみたのです。すると、人々は「発話内容」、つまり「うれしい」という言葉よりも「非言語シグナル」＝しかめっ面の表情のほうを信用することがわかりました。

これが俗にいう「メラビアンの法則」です。

メラビアン教授によれば、私たちが判断に用いるシグナルの内訳は、視覚情報（表情やジェスチャー）が55パーセント、聴覚情報（声の調子）が38パーセントであり、言語情報（発話内容）が占める割合はわずか7パーセントにすぎないそうです。

これらの数字は必ずしも正確なわけではありません。詩人の言葉からは通常よりも多くの感情が伝わってきますし、人並み優れて説得力のある声の持ち主もいます。

とはいえ、メラビアンの説は大筋では正しいと言えます。つまり、人々の「感情」をより雄弁に物語っているのは、発話内容ではなく、非言語行動なのです。なぜなら、こうした判断を牛耳っているのは、言語をつかさどる高度な脳ではなく、原始的な「トカゲ脳（爬虫類脳《はちゅうるいのう》）」（米国の神経生理学者であり、米国国立精神衛生研究所脳進化と行動研究所所長でもあったポール・マクリーン博士が提唱した「三位一体脳説」において人間が持つとされる3つの脳のうち「反射脳（脳幹）」を指した表現です）。

非言語コミュニケーションは、相手に対する「信頼感」と直結しています。

あらゆるシグナル――「顔の表情」「姿勢」「ジェスチャー」「声の調子」「発話内容」――に一貫性が感じられる場合、私たちはそれらのメッセージが「本物」であることを確信できます。一方、それぞれのシグナルが微妙に食い違っている場合、私たちは相手に対して疑念を抱きます。「何かを隠そうとしているのではないか」といった印象をもつのです。

人は無意識のうちに非言語シグナルの食い違いを察知し、話し手の「自信のなさ」や「弱さ」を嗅ぎつけています。私たちが直感的に相手の人間性を見抜くことができるのは、こうした非言語コミュニケーションのおかげなのです。

ここで、ちょっとした遊びを紹介しましょう。

「はじめに」で紹介した私たちの友人であり、パートナーのセス・ペンドルトンは、クライアントと一緒によくこの遊びをやっています。

「では皆さん、まずOKサインをつくってみてください」

彼はそう言いながら人差し指と親指で輪をつくり、その手を高く掲げます。続いて、

「今度はそれを自分の顎に当ててみてください」

彼は自分の手をゆっくりと顔のほうへもっていき、右頬に押し当てます。すると、部屋にいる全員が、彼と全く同じポーズを取ろうとします。

やがて、部屋中が笑いに包まれます。セスは「顎」と言ったのに、誰もが「頬」に手を押し当てていることに気づいたのです。

思わず吹き出す人もいれば、周りにバレないようにサッと手を顎に押し当てる人も

います。オチがわからず、一体何が起こったのかと部屋の中を必死に見回す人もいます。

この遊びは、シンプルかつ重大な教訓を伝えています。**私たちは視覚的な生き物であり、目から入って来た情報を最優先する傾向がある**ということです。言語メッセージは視覚メッセージに常に後れを取っています。

つまり、人々の印象を左右するのは、具体的に何を言ったり、やったりしたかではなく、表情や身のこなしといった視覚シグナルによって何を伝えたかなのです。

空間を支配する身のこなし

15年前、筆者が非言語コミュニケーションについて研究し始めた頃、『ザ・カリスマドッグトレーナー』（米国で2002年から2012年まで放映されたナショナルジオグラフィックチャンネルの番組。110カ国以上で放映され、米国では週1100万人が視聴）のシーザー・ミランが一躍人気を集めるようになりました。

彼の仕事は、犬の問題行動に悩む飼い主を手助けすることで、シーザーの仕事相手は犬でしたが、実際にトラブルの原因をつくり出しているのは人間のほうでした。

筆者が真っ先に気づいたのは、彼が武道の達人やダンサーを思わせるような無駄のない身のこなしを見せていたことです。表情や身振りによって「強さ」や「温かさ」をアピールするその様子は、スピーチの達人や名優を思い起こさせました。犬と人間は、共通の非言語シグナルに反応することが、研究によって判明しています。

シーザーが飼い主を指導する際に強調していたのは、人間は犬の群れの「リーダー」になる必要があるということでした。彼はまさにそのアドバイスを体現していました。

彼は仕事先の部屋に足を踏み入れるやいなや、その空間を支配してみせたのです。

空間を支配することは、「温かさ」ではなく「強さ」を感じさせる行為です。

空間の使い方を見れば、その人がどれだけ「強さ」を発揮しているかがわかります。

一般的に、「強い人」はどこへ行ってものびのびと振る舞うことができます。

彼らは一カ所にとどまったりせずに、自由に部屋を動き回ろうとします。他人と関わり合う場合、彼らは時としてわざと相手との距離を縮め、威嚇することもあります。

しかし、それ以外のときは、彼らはむしろ他人との間に距離を置こうとします。

実は、他人との距離を縮めることは、「温かさ」をアピールするための常套手段でもあります。「秘密を打ち明ける」「寒い日に身を寄せ合って暖を取る」「ベッドインする」など。

反対に、相手と距離を置くことはたとえそれが敬意の表れであったとしても、常に「温かみに欠ける」印象を与えます。

「強い人」は空間を完全に支配し、誰がその場を牛耳っているのかを知らしめようとするのです。

背筋を伸ばすだけでガラリとイメージアップ

背筋がピンと伸びた姿勢は「強さ」を感じさせます。(縦方向に)より大きなスペースを占めることにもつながります。

基本的に、「自らの肉体を用いてより大きな物理的スペースを占領すること」は、「大きな家や車を所有すること」とよく似た非言語メッセージを発しています。それは「俺を見てくれ。俺は偉い人間なんだ」というメッセージです。

「強さ」を誇示するのに最適な姿勢があります。いわゆる軍隊でいうところの「休め」

の姿勢です。

背筋は伸び、頭は上がっているものの、顎や胸には無駄な力が入っていません。このとき、私たちは背中の筋肉をしっかりと使って背筋をすっと伸ばし、頭をできるだけ高い位置に保っています。これは「強さ」を大いに感じさせる姿勢であり、兵舎や戦場だけでなく、たいていのビジネスやプライベートの場にも応用できるものです。実践すれば即、イメージが大幅にアップすることは間違いありません。

姿勢の大切さを理解している人々は他にもいます。それはバレエダンサーです。まるで上から見えない糸で引っ張られているかのように、完璧な垂直姿勢を保ち続ける彼らは、私たちの目を釘づけにします。

戦場や舞台の上で、**冷静な「強さ」を発揮できるかどうかを決めるのは、この「背筋の伸びた堂々とした姿勢」**なのです。

私たちのパートナー、セス・ペンドルトンは前述の通り、俳優の訓練を積んできた人物です。彼はかつて演技講師から受けた、あるレッスンのエピソードをよく語っています。

まず、胎児のように丸まった姿勢で床の上に全員で寝転がります。数分後、講師がやってきて、一人ひとりに「どんな気分か」と聞いて回ります。すると彼らはそろって「みじめな気分だ」「何だか悲しい」といったネガティブな返答をしたといいます。

次に、講師の指示を受け、全員がパッと立ち上がって両腕を高く突き上げます（映画『タイタニック』でレオナルド・デカプリオが「世界は俺のものだ！」と叫ぶときのポーズを思い浮かべてください）。

数分後、講師が再び「どんな気分か」と聞いて回ったとき、「最高の気分だ！」「パワーが湧いてきた！」「何でも来いという感じだ！」などと、彼らの返答は一変していたのです。


人間の肉体と感情は常に連動する仕組みになっています。

「非言語行動」が私たちの感情を忠実に映し出すのはそのためです。私たちは通常、外界に対する認識が人々の感情を形づくり、その感情が、非言語表現——姿勢、ジェスチャー、表情——を生み出すと考えています。

しかし、**「非言語行動」と「感情」は分かちがたく結びついているため、意識的にある姿勢を取り続けると、それに合わせて感情も変化する**ことがわかってきました。

大きな競技やコンテストで優勝したとき、人々は大喜びして両手を高く突き上げたり、ときには飛び跳ねたり、誇らしげに胸を張ったりするものですが、これをちょっぴり元気がないときに行い、1、2分待ちます。それだけで、気分を高めることができます。

ハイパワーなポーズをとるだけで強くなれる

この現象には、一体どれくらいの威力があるのでしょうか？

ハーバード・ビジネス・スクールのエイミー・カディとカリフォルニア大学のダナ・カーニーは、巧妙な実験によってその効果を突き止めました。

彼らは被験者を二つのグループに分け、一方のグループには2分間、小さく縮こまった姿勢（両手をぎゅっと握り締めて座る、足を交差させ、腕組みをして立つ）を取ってもらい、もう一方のグループには2分間、開放的な姿勢（頭の後ろで手を組んで椅子に腰かけ、デスクの上に足を投げ出す、大きく広げた両手をテーブルについて立つ）を取ってもらいました。

さらに数分後、両グループは次の3種類のテストを受けました。

1　ギャンブルを行う（ギャンブルテスト）

2　（無表情な二人の試験官と1台のカメラを前にして）ストレスのかかる面接試験を受ける

3　血液検査をする

ギャンブルテストでは、ハイパワーな（開放的な）姿勢を取った人々のほうが、ローパワーな（縮こまった）姿勢を取った人々よりも、リスクを冒して一攫千金を狙う傾向が見られました。ハイパワーなポーズは、カジノに行く前の準備運動には適していないと言えるでしょう。

一方、面接試験のビデオを第三者に見せたところ、ハイパワー組のほうが、ローパワー組よりもはるかに魅力的で説得力があるという評価が下されました。そして血液検査の結果は、その理由を物語っていました。

ハイパワー組はローパワー組に比べて（バイタリティを示す）テストステロン値がはるかに高く、（ストレス度を示す）コルチゾール値がはるかに低かったのです。

ローパワー組の心が不安に揺れていたのに対して、ハイパワー組の心は自信に満ちあふれていたということになります。これらはすべて、ほんの数分間「正しい姿勢」を保ち続けたことによってもたらされたのです。

このように、ハイパワーな姿勢やローパワーな姿勢と、それらが伝える性格は、非常に分かちがたく結びついています。そのため、**「性格が姿勢をつくり出す」だけでなく、逆の現象、つまり「姿勢が性格をつくり出す」現象が起こります。**

通常、姿勢というものは人々の内面を映し出すものです。しかし私たちは、意図的に姿勢を変えることによって、ホルモンレベルの変化を促し、自信を呼び起こすことができるのです。それは、いつもよりおしゃれな服を着ることで気分を高めようとすることに似ています。

この研究結果は非常に実用的です。

プレッシャーのかかる場面を前にして、心身のテンションを上げたいときには、あらかじめ数分間「ハイパワー」な姿勢を取れば、望み通りの効果が得られます。それがデートであれ、面接であれ、友人や同僚との難しい話し合いであれ、ホルモンレベルの変化がもたらす自信や落ち着きによって、その場をうまく乗り切れるはずです。

最初は「ハッタリ」でもかまいません。自信満々な「ポーズ」を取り続けるうちに、やがて「本物の自信」が芽生えてくるのです。

この方法を実行するのに想像力はいっさい必要ありません。ただ1、2分の間、開放的で「ハイパワー」な姿勢を取り、血中のホルモンのバランスが調整されるのを待つだけでいいのです。胸を張った姿勢は特に効果的です。また、手足や肩、首の筋肉を伸ばし、緊張をほぐすことも功を奏します。

あるデータによれば、(神話に出てくる巨大な怪物のように)無数の手足が自分の周囲に突き出している姿を想像しただけで、「ハイパワー」な姿勢を取ったときと同じ効果が得られるのだそうです。この方法のメリットは会議中に実行しても周りから奇異な目で見られずにすむところでしょう。

歩くときに先に出るのは頭か胸か?

あなたが歩くとき、先に前に出るのは頭でしょうか? それとも胸でしょうか? レースで走った場合、最初にゴールラインに触れるのは、体のどの部分でしょうか?

1　頭が前に出るタイプ

このタイプの人は頭がやや前傾し、往々にして猫背です。したがって、真っ先に部屋に入ってくるのは、額の部分ということになります。

これらの非言語シグナルが伝えているのは「物思いにふけっている人」という印象です。こうした姿勢は精神活動の豊かさを示唆するものの、「強さ」はあまり感じられません。

頭が前傾した姿勢は安定感に欠けています。まして下ばかり見ているようでは、周りの状況を見極め、迅速に反応することは困難です。さらに、頭をかがめた姿勢は「服従」のシンボルでもあります。

2　腰が前に出るタイプ

腰を突き出した姿勢は余裕を感じさせます。骨盤を揺らして歩くその姿はとてもセクシーです。

たとえば、ランウェイをさっそうと歩くファッションモデルの姿を想像してみてください。彼女たちは後ろ足で体重を支え、腰を前に突き出し、上半身を反らし気味にしながら、見事なポーズを決めていきます。

こうした姿勢は常にインフォーマルな印象を与えますが、「強さ」をアピールする効果は絶大です。その気だるげな姿勢は、まさに王者の貫録を表しています。

3 胸が前に出るタイプ

これは肩を後ろに引き、胸を張った姿勢を指します。つまり、「軍人」や「バレリーナ」のような姿勢です。こうした身のこなしは「冷静沈着な強さ」を感じさせます。

頭を高く掲げているため、周囲を見渡しやすく、また、体のバランスが安定しているため、どんな方向にもサッと動けるのです。

このような姿勢は積極性や自信をうかがわせます。背筋をピンと伸ばし、胸を張ることは、「強さ」をアピールする基本です。

同時に、胸元は体の中で最も「温かさ」を感じさせる部分でもあります。胸元を露わにし、急所を潜在的脅威にさらすことは、あえて自分を無防備な状態に置くことを意味します。

胸を張ったポーズの「強さ」や「温かさ」を左右しているのは、主に肩の位置です。肩をいからせたり、後ろに引きすぎたりせず、適度にリラックスさせておけば、「温かみ」が感じられるようになります。

胸を張った姿勢は、適切なジェスチャーと組み合わせれば、「世界に対して心を開いている」というアピールになるのです。

手と腕の動きをコントロール

次に「腕」の動きから「強さを感じさせるジェスチャー」について見てみましょう。

姿勢に関する大原則、つまり「強さ」＝「占領するスペースの広さ」は、ジェスチャーにも当てはまります。**手や肘を胴体からできるだけ離すようにしたほうが、「強さ」をアピールできる**のです。

身じろぎもせずじっと立っている子供は、シャイな性格だと見なされますし、反対に手足をのびのびと自由に動かしている子供は、より積極的なイメージを与えますよね。

たとえば、体の前で両手を組み合わせ、両肘を脇に押し付けている人がいたら、人々はその仕草を「寒がっている」か「不安を感じている」かのどちらかだと解釈するでしょう。こうしたポーズを取っても誰にも迷惑はかかりません。しかし、器の小さい人間という印象を与えることは確かです。

手や肘を突き出して占領スペースを広げる際には、いくつか注意が必要です。ジェスチャーを使って強さをアピールする際に最も大切なのは、むやみに手を振り回すのではなく、意図をもって、さりげなく優雅に体を動かすことです。こうした動きからは落ち着きが伝わってきます。

目標は体の動きを完全にコントロールすることです。武道の達人やバレーダンサーの動きを思い浮かべてみてください。音楽にも言えることですが、重要なのは「間」の部分で、各ジェスチャーの合間には、体の動きをいったんピタリと止める必要があります。こうした「間」は、動きそのものと同じくらい、ボディコントロール能力の高さを物語っているのです。

ジェスチャーはまた、その人のテンションの度合い――リラックス度や緊張度を物語っています。「適度な緊張感」と「心のゆとり」を合わせもった状態は、「強さ」と「温かさ」を同時に発揮するのに役立ちます。

一方、テンションがあまりにも低すぎたり、高すぎたりした場合、「強さ」と「温かさ」のどちらも失ってしまう可能性があります。

無気力な態度は、冷たく弱々しい印象を与える一方、過度に緊張し、あたふたと不安げに振る舞う様子からは、強さも温かみも感じられません。

たとえば、キリンのような大きな動物と、ハチドリのような小さな動物の、それぞれの動きを思い浮かべてみてください。大きな歩幅で優雅に歩くキリンの姿は、あたかもスローモーションのように見えます。一方、ハチドリはまるで早回し映像のようにあちこちを飛び回っています。人間に置き換えてもそれは同様なのです。

こうした明確なポーズ以外で、「強さ」「温かさ」のイメージを最も左右するのが、指の緊張度です。

リラックスしているとき、手は軽く丸められ、指と指の間に少し間隔が空いています。この状態はニュートラルな印象を与えます。一方、手をもぞもぞ動かしたり、ギュッと握り締めたりする動作は、不安感＝弱さを物語っています。

ある研究グループによれば、自分自身の頭や顔、手に触る動作は「強さに欠けるジェスチャー」と見なされるのだそうです。この種の仕草は不安感の表れであり、弱々しさを感じさせます。

とりわけマイナスイメージを与えるのが、片方の手の甲をもう一方の手で撫でるといった「自分を慰めているような仕草」です。

一方、指先に力が入っていて、「握り拳」や「手刀」をつくっている人は「強い人」に見えます。何しろ、これらは誰かを痛めつけようとしている仕草だからです。

また、人差し指で誰かを指し示す動作は、非常に攻撃的に見えます。

与えたいイメージを演出するには、指にまで意識を向けることが必要なのです。

イエス・キリストの姿勢は究極の温かポーズ

「強いジェスチャー」が直線的でシャープな動きだとすれば、「温かいジェスチャー」は曲線を強調したソフトで優雅な動きです。それは宙を切り裂くような動きではなく、平泳ぎの選手がゆったりと空中を泳いでいるような動きです。

「温かいジェスチャー」にとって大切なのは、「いかに人々の心をつかむか」だと言えます。したがって、その動作はよりインフォーマルで、自由度が高くなります。

いわば、「言葉を使わないおしゃべり」のようなものです。

こうしたジェスチャーは気さくな人物という印象を与えます。ただし、やりすぎは禁物です。ひっきりなしに体を動かすことは、ノンストップで話し続けるのと同様の違和感をもたらすからです。

「温かいジェスチャー」の場合、「強いジェスチャー」とは違って、動作の「始まり」と「終わり」があまりはっきりしていません——武道の達人のように動作をピシッと止めるのではなく、かすかなブレが生じることがよくあります。

また、「温かいジェスチャー」は、必ずしも大きな動作とは限りません。なぜなら、「強さ」をアピールする場合と違って、大きなスペースを占領する必要はないからです。

たとえば、胸にそっと手を当て、悲しみや哀悼の意を示している人の姿を思い浮かべてみるといいでしょう。**共感を呼び起こすようなジェスチャーを目にしたとき、私たちは「温かさ」を覚える**のです。

究極の「温かいジェスチャー」とは、両腕をふわっと広げたポーズです。このとき、腕は軽く曲げ、手は自然に丸め、指は閉じるのではなく、広げておくようにします。使徒に語りかけるイエス・キリストの宗教画を思い浮かべてみてください。おそらく彼はこうしたポーズを取っているはずです。この動作と胸を開いた姿勢、哀れみ深い表情は、「人々を温かく迎え入れる態度」を象徴しています。

幼い子供を親が抱きしめるとき、あるいは旧友との再会を抱き合って喜ぶとき、人々は必ずこのような仕草を見せています。

魔法のボール

スピーチをするとき、威圧感を与えずに確実に「強さ」をアピールできる、手軽なテクニックを紹介しましょう。

このテクニックは「魔法のボール」と呼ばれています。

見えないバレーボールを両手で持ってみてください。ボールの位置はへそのあたりに定め、体から少し離すようにします。本物のボールを持つときのように指を丸め、手の平ではなく、指先でしっかりとつかみましょう。

次に、その状態のまま自分の姿を鏡でチェックします。そして、ボールのサイズをだんだん大きくしていき、両手いっぱいのビーチボールを抱えてみてください。もしくは、だんだん小さくしていき、ビー玉くらいのボールを片手で握り締めるくらいまで小さくし、もう片方の手は脇に下ろします。

こうした手の動きも、強さを伝えるのに役立ちます。

スピーチの席上では、話をしながら目の前の観客にこのボールを手渡したり、ボールを軽く揺らしたりしながら話の要点を強調するのもいいでしょう。

「魔法のボール」なんて奇妙なたとえだと思われるかもしれませんが、実は無数の講演者が、これを無意識に実行しています。極めて自然な身振りでもあるからです。

自分の手をどこにやればいいかわからなくなったときには、この「魔法のボール」をイメージするようにしてください。

どうして非言語シグナルがより人格を表すのか？

ジェスチャーで強さをアピールすることの背景には、大きなテーマが隠されています。どうして非言語シグナルがより人格を表すのか、という問題の核心です。「大きなスペースを占領すること」＝「強い」という連想は、体の大きな動物のほうが腕力に勝るという事実に由来すると考える人もいるでしょう。彼らはより大きな図体を自由に操ることができるからです。

こうした理屈でいけば、**小柄な人も（フグやコブラが体を膨らませるように）体の占めるスペースを大きくすることによって「強さ」をアピールできる**ことになります。大きな空間を占領しながら動き回っていれば、それだけ多くの注目を浴び、新しい物事との出会いが増えます。

自信に欠けた人は、あまり大きな空間を占領したがりません。そうした行為は人目を引き、敵の攻撃を煽ることにもなるからです。「体の占めるスペースの大きさ」は、「自信の大きさ」のバロメーターになるわけです。

ただし、「大きなスペースを占領すること」が「強さ」を感じさせるのは、動物がそうであるように、当人がごく自然にそうした振る舞いを見せている場合だけに限られます。不安を隠しきれないまま、無理やり大きなジェスチャーを繰り広げたり、ぎこちなく体を動かしたりしているようでは、むしろ「弱さ」の表れだと見なされます。

姿勢や歩き方に関しては、内心は怯えていたとしても、何とかごまかすことができます。しかし、ジェスチャーや表情に関しては、ごまかしはほとんど通用しません。**ジェスチャーは本人の不安感を無意識のうちに映し出す傾向があります**（とりわけ、表情にはそれが顕著に表れます）。

ＭＩＴ、ノースイースタン大学、コーネル大学の各研究者たちは「信頼性を損なう四つのジェスチャー」を特定することに成功しています。

「腰が引けた姿勢を取る」「腕を組む」「自分の手を撫でたり、つかんだりする」「自分の顔や腹などに触れる」。

これらはみな、程度の差はあれ、「不安」や「保身」「逃避」といったメッセージを発しています。どれも「オープンな態度」＝「温かさ」とは相容れません。

それぞれの仕草が不信感と直結するわけではないものの、私たちの脳はこれらの四つのジェスチャーを警戒信号と見なしています。これは、前述の「非言語シグナルと発話内容を一致させることの大切さ」という点にもつながっています。嘘をついているとき、私たちの頭の中には「これは本当のことじゃない」「自分は今、嘘をついている」といった思いが常によぎっています。こうした感情が発話内容とは食い違った非言語シグナルを発し、そのズレが違和感を生み、相手の信頼を損ねることになってしまうのです。

ボディタッチのルール

非言語コミュニケーションの中には、握手やボディタッチも含まれます。

特にボディタッチの許容範囲やルールは、文化圏よってさまざまです。ジェスチャーやアイコンタクトに文化差があるのと同様に、身体的接触を好む民族もいれば、そうでない民族もいます。

ヨーロッパ人がよく行うエアーキス（頬を擦り合わせて音だけのキスをする挨拶）の場合、単なる抱擁よりも接近度がぐっと高くなります。

また、一部の文化では男性と女性の身体的接触は明らかに「ルール違反」であり、それを犯した場合、難しい状況に追い込まれます。

ボディタッチに関しては、越えてはならない社会的・法的なラインがはっきりと存在します。

たとえば、アメリカのビジネス界において、同僚との握手は妥当と見なされますが、それ以上に親密なボディタッチを行う場合には、相手のパーソナリティーや文化的な背景に十分配慮しなければなりません。肩や二の腕（長袖を着ている場合）をポンと叩く行為も、好意の表現法としてたいてい受け入れられます。

ただし、同じボディタッチでも、相手の解釈次第で違った意味をもってしまうことがあります。「モーションをかけている」「威圧している」「媚びへつらっている」などと解釈されることも。性別や社会的地位、文化の異なった相手と接する場面では、「自分の好意」こうした問いかけがいっそう重要になってきます。

この種の状況判断には、「心の知能指数」の高さと、相手の発しているメッセージ（発話内容や非言語シグナル）に対する細心の注意が欠かせません。

表情は万国共通のメッセージ

過去数十年の間に、「表情と感情」に関する数多くの科学的知見が生み出されてきました。その草分けとなったのが、心理学者のポール・エクマンらによる研究です。

彼らの研究は単に興味をそそるだけではなく、実用性の高いものでした。たとえばそのおかげで、警察の「嘘発見技術」は一定の進歩を遂げることになったのです。

エクマンらの研究はポップカルチャーの世界にまで進出し、『ライ・トゥー・ミー　嘘は真実を語る』というテレビドラマを生み出しました。それは「人間嘘発見器」であるライトマン博士（エクマン氏がモデル）が、ＦＢＩと協力して犯人を追いつめるというサスペンスドラマでした。

エクマンらは、（怒り、悲しみ、恐れ、驚きといった）基本的な感情を表す表情は世界共通であることを発見しました。それぞれの感情は、独特の表情筋の動きによって表されており、その動きは各感情の根底にある生理科学と直結しています。表情の解釈は文化的背景に左右されるものではありません。

これはジェスチャーの解釈とは大いに異なります。ジェスチャーの中には特定の文化でしか通用しないもの（ＯＫサインなど）もあります。

エクマンがこうした表情の普遍性を初めて実証したのは１９６０年代のことでした。

他の文化と全く接触したことのないパプアニューギニアの部族民に対して、さまざまな表情を浮かべた外国人の写真を見せたところ、彼らはそれらが示す感情を正確に読み取ることができたのです。

ではここで、「怒り」「嫌悪」「幸福」の三つの表情を比べてみましょう。

まず、「怒り」と「嫌悪」では眉の位置が下がっていますが、「幸福」ではむしろ上がっています。口の形については三者三様です。

しかし、三つの表情に共通する特徴が一つだけあります。それは、下まぶたが少し持ち上がり、目がやや細められていることです。

通常の意識レベルでは、この特徴はささいなものに見えるかもしれません。しかし私たちの脳の後頭葉には、潜在意識レベルでわずかな違いを察知するための神経回路が張りめぐらされています。そのため、理由は説明できなくても、直感的に表情を見分けることができるのです。

下まぶたを持ち上げて目をやや細め、顔のその他の部分をリラックスさせた表情から伝わってくるのは、「強い関心」「高い集中力」「固い決意」です。

この「目をやや細めた表情」こそ、まさに「強さを感じさせる顔」であると言えます。「鋼のような眼差し」で、不屈の意志を反映しているとされます。この眼差しを「人を射抜くような目」と評する人もいます。一部の文化では、このような目つきは「邪眼」と呼ばれ、忌み嫌われています。

俳優のクリント・イーストウッドは、この表情の代名詞とも言える人物です。映画『ダーティーハリー』や数々の西部劇において、イーストウッドは常に眉をしかめながらこの眼差しを浮かべ、苦みばしった魅力を発揮していました。

彼の写真をよく観察すると、笑っているときや無表情のときにも、常にやや目を細め、「強さ」を発揮していることがわかります。

笑顔そのものにパワーがある

「温かさを感じさせる視覚要素」の中で、最優先すべきなのは「顔の表情」です。そして**「温かさ」を生み出す方法として「笑顔」に勝るものはありません**。笑顔は人類共通の行動に深く根差した、究極の非言語コミュニケーション手段です。

どの国の赤ん坊も、笑顔を通じて母親との絆を深めていきます。言葉が全く通じなくても、相手の笑顔だけは簡単に読み取ることができます。笑顔に関する文化規範はさまざまに異なるかもしれませんが、世界共通の表情であることは確かです。

人の笑顔は「幸福」「魅力」「社交性」「成功」といったさまざまなプラス要素を物語っています。

また、**笑顔は「ハロー効果」をもたらします**。つまり、微笑みを浮かべている人は有能で好感のもてる人物だと判断されやすいのです。教師は自分に向かって微笑みかけている生徒を指名する傾向があり、レストランのウェイトレスやバーテンダーもこのことを体感しているに違いありません。

さらに、笑顔には伝染力があります。誰かに微笑みかけられたとき、私たちは自分が笑顔を浮かべているときの感覚を思い出し、自然に微笑み返そうとします。こうした相互作用は全く無意識のうちに生じています。つまり、私たちは微笑みかけてくる人物に対して好感を抱く傾向があるのです。

「君が微笑めば、世界中が一緒に微笑む」――ルイ・アームストロングの歌に出てくるこの言葉は、単なる決まり文句ではありません。**実際に、私たちの脳は瞬時に他人の笑顔を察知し、幸せな気分をつくり出しているの**です。

もちろん、他人の笑顔を感じ取ることと、自分自身が笑顔を浮かべることとは別物です。笑うことは私たちの気分を高め、精神活動に好影響を及ぼします。

心理学者のダニエル・カーネマンによれば、歯の間にペンをくわえ、強制的に笑顔に似た表情をつくった場合でも、実際に笑ったときと同様の気分を生み出すことができるそうです。

「ハイパワーな」姿勢を取ることで実際に自信が湧いてくるように、明るい表情を意識的につくれば、自ずと前向きな気分になれるはずです。

このように笑顔はいろいろな意味で素晴らしい働きをもっています。しかし、全ての笑顔が同じ価値をもつわけではありません。中にはマイナスの効果をもたらす笑顔もあります。

では、温かさをもたらす笑顔とは、一体どのようなものでしょうか？

笑顔にはバリエーションがある

それを理解するためには、まず笑顔のメカニズムを詳しく知る必要があります。

人間の顔には30種類以上の表情筋があり、そのほとんどが左右対称に配置されています。笑顔を形づくる上で重要な役割を果たしているのが「大頬骨筋《だいきょうこつきん》」です。この筋肉は口角を上げ、にこやかな口元をつくり出してくれます。

しかし、口元の表情は、笑顔を形作る要素の半分にすぎません。なぜなら、真の笑顔は「口元」と「目元」の二つの部分によって生み出されているからです。

本物の笑顔は「大頬骨筋」と「眼輪筋」（目の周りの筋肉）の両方を使っています。笑顔を浮かべたときの「目の輝き」は、実は目の周りの筋肉を収縮させ、「目を細める」ことによってつくり出されているのです。

一方、**つくり笑いの場合、ただ口角が上がっているだけで、顔の上半分には何の変化も起きていません**。

実際、赤ん坊は非常に早い時期から本物の笑顔と「つくり笑い」の両方を巧みに使いこなしています。

笑顔にはいくつかのチェックポイントがあります。

「笑い始めるタイミングの早さ」「笑顔の持続時間」「表情筋の動かし方」といった点です。

これらをチェックすることで、さまざまなことがわかります。たとえばつくり笑いの場合、自然な笑いに比べて笑い始めるタイミングが早くなるのです。

私たちはみな、こうした違いを見抜くことに長けています。

イベント会場で、まるで電源スイッチをオン／オフするかのように笑顔が浮かんだり消えたりしている人物を見かけたとします。この種の笑顔は、面白いジョークを聞いて思わず浮かべた笑顔とは、全く違った印象を与えます。本物の笑顔は、つくり笑いよりも自然に、ゆっくりと顔に広がり、「温かみ」を感じさせるのです。なぜなら、私たちはその瞬間、相手と幸せな気分を共有しているからです。

同様に「笑顔の持続時間」も多くのヒントを与えてくれます。

物語と同様に、笑顔にも「始まり」「中間部」「終わり」があります。笑みはゆっくりと顔に広がり、満面の笑顔となった後、次第に消えていきます。長い間続く笑顔は、一瞬で消えてしまう笑顔よりも「温かみ」を感じさせます。しかし、中間部に当たる「満面の笑顔」の部分があまりにも長すぎる場合、人々はそれが「つくり笑い」であることにすぐに気づきます。最も温かい印象を与えるのは、持続時間が長く、かつ、「始まり」から「終わり」へとスムーズに移行していく笑顔です。

ここで指摘しておきたいのは、笑顔は「温かさ」を伝えるだけのものではないということです。笑顔には「喜び」「礼儀正しさ」「優越感」「怒り」「嘲り」「気遣い」など、さまざまな種類の感情を伝える力があります。これらの感情の一部は「温かさ」よりもむしろ「強さ」を感じさせるものです。

笑顔は人を欺くために使われることさえあります。さわやかな笑顔に騙されてつい相手を信用してしまうこともあれば、ちょっとした嘘を笑顔でごまかされてしまうこともあります。

間が抜けた笑顔に注意！

スピーチの指導の際によく見かけるのが、目を大きく開き、眉をつり上げ、口元をゆるめた「媚びるような笑顔」です。

こうした「間が抜けた笑顔」を浮かべている人の口元を覆って、顔の上半分だけに注目すると、あることに気がつきます――鼻から上は、まるで驚いた顔のように見えるのです。場合によっては「パニックの表情」にも見えます。

ここで着目したいのは「間が抜けた笑顔」と「驚きの表情」には、「眉がつり上がり、目が大きく見開かれている」という共通点があることです。

たとえば、可愛らしい赤ん坊と初めて出会った場面を思い浮かべてみてください。自分の親戚であるその赤ん坊を、あなたは何とかうまくあやしたいと思っています。

こんなとき、どんな表情を浮かべるでしょうか？　おそらく、あなたは口元に笑みを浮かべ、善意を示そうとするでしょう。しかし同時に、あなたの眉はつり上がり、目は大きく見開かれているはずです。

私たちは驚いているわけでも、怯えているわけでもないのに、こうした表情を浮かべます。こういう「隙のある表情」を見せれば、敵意のなさが伝わり、赤ん坊を安心させることができるからです。

サルはこれとよく似たシグナルを利用して、円滑な社会的関係を築いています。

一部のサルは厳しい階層社会を形成しています。たった1匹のボスザルのみがメスと交尾をする権利をもち、その他のサルはみな、彼が失脚する日をひたすら待ち続けなければならないのです。ボスザルと一緒に歩いているとき、他のサルは眉をつり上げ、目を大きく見開き、自分に敵意がないことを必死にアピールしようとします。こうすれば、ボスにやっつけられずに済むからです。

しかし人間の場合、間が抜けた笑顔はプラスにはなりません。恐るるに足らない人間と見なされ、軽んじられる可能性が高くなるからです。

お手本はクリント・イーストウッド

笑顔は必ずしも「温かさ」だけを感じさせるとは限りません。**「強さを感じさせる笑顔」というものも存在します**。これこそがまさに、究極の効果をもつ表情だと言えるでしょう。クリント・イーストウッドのような眼差し（下まぶたを、もち上げて目をやや細めた表情）のまま、口元に笑みを浮かべます。口は開いていても、閉じていても、どちらでもかまいません。さらに、この笑顔を「デフォルトの表情」として常に浮かべるようにします。特別な理由のない限り、絶えずその表情を保ち続けるのです。これがいわゆる「強さを感じさせる笑顔」です。

カリスマと呼ばれる人々――トップセールスマンや、大実業家、名教師、恋愛の達人、２期連続当選を果たした大統領はみな、こうした表情をもっています。それはいわば「出世をもたらす笑顔」です。日常的にこの表情を浮かべるようにすれば、だんだん運が向いてくるかもしれません。

鋼のような強さを感じさせる目つきに笑顔が加わったとき、人はその眼差しを「目が輝いている」「瞳にいたずらっぽい光が宿っている」といった言葉で表現します。こうした表情をもった人々こそが「クールな人物」なのです。

この表情——クリント・イーストウッドのような笑顔やいたずらっぽい光の宿った瞳は、「強さ」と「温かさ」を同時に発揮できる、貴重な手段だと言えます。

適切なアイコンタクトを活用する

アイコンタクトもまた、「視覚的な温かさ」を伝えるための重要手段です。

初デートの日に、レストランでディナーを食べている姿を想像してみてください。デートがうまくいっている場合は、相手はじっとこちらを見つめてくるはずです。一方、相手がこちらに目もくれず、食べ物（あるいは携帯電話や隣のテーブルの人間）ばかり見ているのは、何かがうまくいっていない証拠です。

もちろん、恋愛以外の場面でも、アイコンタクトは「温かさ」を発揮する上で不可欠です。

「相手をそばに呼び寄せる」「目と目で理解し合う」など、その用途は実にさまざまです。「see eye to eye（目線が同じ高さにある＝意見が一致する）」という表現がありますが、これは同じ視点を共有することを意味しているのです。

適切なアイコンタクトは「強さ」を発揮する上でも重要です。

威圧的な人物は人とよく目を合わせる傾向があります。その視線は非常に攻撃的です。睨み合うギャングを想像してみてください。

逆に、アイコンタクトの欠如は「弱さ」や「自信のなさ」を感じさせます。他人とうまく目を合わせられない人々は、神経質で社交性に欠けた印象を与えるのです。

しかし、これには例外もあります。身分が高く支配的な人物は、周囲の人々への侮蔑を示すために、あえて目を合わさないようにすることがあるのです。

また、アイコンタクトの欠如は、本心を打ち明けていない証拠とも見なされます。

たとえばあなたが、給料日前の友人にお金の無心をされたとします。なぜそのお金が必要なのかを説明する際に、自分の目を見ようとしない友人に対して、あなたはお金を貸そうとは思わないでしょう。

親に向かって大嘘をついた後、全く目を合わせようとしない子供の心理は、社会科学者に説明されなくても十分に理解できますよね。

視線をそらすことは「温かさ」の面では間違いなくマイナスです。

好きな人をじっと見つめていることに気づかれ、恥ずかしがって視線をそらした場合でも同じことが言えます。

ただし、アイコンタクトはジェスチャーと同様に国や文化ごとでルールがかなり異なります。各文化の作法に配慮しつつ、適切に使うべきでしょう。

恋に落ちる声⁉

今から25年以上前の話です。

カレンという名の若い女性が、法律事務所の受付係として働き始めました。彼女はやがて、定期的に電話をかけてくる数十人の人物と親しく話をするようになりました。

その中に、別の事務所に所属するフィルという男性の弁護士がいました。彼はよく響く低音の声の持ち主であり、その声は自信と落ち着きに満ちあふれていました。フィルは常にカレンの仕事を心から気遣い、優しく声をかけてくれるような人物でした。

やがて二人のやり取りは、30秒の電話の取り次ぎから数分間の会話へと発展していきます。カレンは次第にフィルからの電話を心待ちにするようになりました。彼女は自分がフィルの「声」に恋をしていることに気づいたのです。

やがて運命の日が訪れました。フィルが会議のためにカレンの事務所にやって来ることになったのです。

いつも以上に気合いが入ったおしゃれをして出勤したカレンが、受付カウンターからじっと見つめていると、正面玄関に二人の男性が近づいてきました。一人は黒髪で背の高いスポーツマンタイプの30代の男性でした。

彼女の視線は若い男性に釘づけになり、胸は高鳴りました。

「彼がフィルに違いないわ」

そう確信するあまり、カレンはあやうく同伴者の存在――ずんぐりした50がらみの男性を見落とすところでした。

彼女が笑顔で口を開きかけたそのとき、聞き覚えのある声が耳に入ってきました。

「やあ、カレン」

50がらみの男性のほうがそう言って、彼女に微笑みかけました。

「フィルです。直接会えて光栄だ」

視覚的シグナルは確かに感情を表す上で最も強力な手段ですが、「声」もまた、幅広い感情を伝える能力をもっています。

ラジオ放送は100年近くにわたって、声のもつ表現力の素晴らしさを証明してきました。「驚き」から「悲しみ」にいたるまで、**声というものは、あらゆる感情を表現する能力を備えています**。

ポール・エクマンは基本的な表情が世界共通であることを発見しましたが、研究者によれば「声の表情」にも同じことが言えるのだそうです。多少の精度の差（「喜び」や「悲しみ」を表す声のほうが、「恥辱」や「嫌悪感」を表す声よりも正確に聞き分けられる）はあるものの、私たちは人々の声から感情を読み取ることに非常に長けています。

私たちは、誰かの声を聞いただけで、その人の抱えている「ストレス」まで感じ取ることができます。ストレスに満ちた声からは、「強さ」も「温かさ」も伝わってきません。

私たちは誰かの声を聞いただけで、その人の「強さ」や「温かさ」（あるいはそれらの欠如）を感じ取れるのです。

声を科学する

声を使ったパフォーマンスには、「ピッチ」「ボリューム」「ペース」「トーン」といった基本要素があります。

私たちはこれらの要素をうまくコントロールし、さまざまな割合でブレンドすることによって、まるでシンセサイザーのようにあらゆる音色をつくり出しているのです。

「ピッチ」とは声の高さのことです。

低音の声は「強さ」を感じさせる一方、うわずった声からは興奮や不安、緊張感が伝わってきます。

低音の声の男性は、他の男性に威圧感を与える可能性がありますが、一方で、女性にとってはしばしば魅力的に映ります。アナウンサーやＣＭナレーターは、たいていの場合、よく響く低音の声の持ち主です。

クライアントに「強さを感じさせる声」をもつ人物は誰かと聞いたとき、一番多くあがったのはジェームズ・アール・ジョーンズ（ダース・ベイダーの声を担当した俳優）の名前でした。

だからといって超低音の声の持ち主でなければ、「強さ」を発揮できないわけではありません。たとえ背の低い人であっても、背筋をピンと伸ばして立つことで「強さ」をアピールできるのと同様に、もともと声が高めの人でも、自分の声域の範囲内でできるだけピッチを低くすれば、十分に「強さ」を伝えることができます。

「強さ」と「ピッチの低さ」の間には相関性がありますが、「温かさ」と「ピッチの高さ」の間にはそうした結びつきは特にありません。「温かさ」を左右しているのは、「声の抑揚」のほうです。

子守唄の調べや、名曲「虹の彼方に（Over the Rainbow）」の情感に満ちたメロディーを思い浮かべてみてください。その音程は上下動を繰り返し、やがて中間的な音の高さに落ち着きます。そして、これらと対極にあるのが、温かみに欠けた「一本調子の話し方」です。

「ボリューム（声量）」は強さと結びつけて考えられることが多い要素です。なぜなら大きな声は、軍人や警官のようなたくましい人物を連想させるからです。

声量の豊かな人は男らしい印象を与えます。研究によれば、「声の大きさ」と「魅力度」の間には相関関係があるそうです。

ただ、原則として、「声量」が「強さ」と結びつくのは、当の人物がすでに圧倒的な権力や影響力をもっている場合のみに限られます。ゴッドファーザー並みのカリスマ性の持ち主でない限り、むやみに声を張り上げるのは得策とは言えないでしょう。

一方、ささやくような優しい声は、「思いやり」を感じさせることもあれば、「おどおどしている」印象を与えることもあります。大きな声できっぱりと主張できない人間は、周りから「無力」だと判断されかねません。

適切な声のボリュームというものは、時と場合によって異なります。せっかく恋人といい雰囲気になったのに、相変わらず大音量でしゃべり続けているようでは、ロマンチックな場面が台なしになってしまうでしょう。

「ペース」とは話す速さのことです。それは単に「1秒間に何語」といった速度だけでなく、「間の取り方」や「流暢《りゅうちょう》さ」といった要素が含まれます。今は亡き名ピアニスト、アルトゥール・シュナーベルは「間」の大切さについてこう語っています。

「音符を操ることに関しては、私よりも巧みなピアニストはいくらでもいる。だが、音符の間の静寂に関しては――ああ、その静寂の中にこそ、芸術は宿っているのだ」

話すスピードが相手にどんな印象を与えるかについて一概に語ることはできません。速射砲のような早口は、言語能力の高さを物語っている場合もあれば、神経過敏な状態を暗示している場合もあります。

一方、ペースの遅い、悠然とした話し方は自信を感じさせる場合もあれば、頭の回転の遅さを思わせる場合もあります。

つまり、話すペース自体は、必ずしも「強さ」や「温かさ」を感じさせるわけではないのです。

とはいえ、**キーポイントを説明する際に、「低いピッチ」や「適切な声量」を取り**

入れつつ、あえてペースダウンすることは非常に効果的なテクニックです。重要事項を強調したい場合は、話すスピードをいったん落とし、声を大きく張りましょう。そうすればドラマチックな効果が生まれ、鍵となるフレーズを強調することができます。

クライアントを指導する際に、筆者は次のような「パンチを効かせるテクニック」をよく紹介しています。

まず必要な説明を行い、その後、キーポイントを要約した短いセンテンスで最後を締めくくります。最後のセリフをゆっくりと言い放った後、効果を狙ってしばらく間を置くようにしましょう。そうすれば、鍵となるセンテンスを際立たせることができます。また、次のセンテンスの前に一呼吸置くことで、聴衆はあなたのメッセージについて考える余裕ができ、その内容を十分に理解できるようになります。

「トーン」とは、その声がもつ「音楽的性質」を指します。

トーンはまさに千差万別です。人間は金属的な声や、落ち着いた声、柔らかい声、不安定な声など、ありとあらゆるトーンの声を生み出すことができます。

怒鳴るような声と、恋人と二人きりのキャンドルライト・ディナーのときのような

「吐息混じりの声」とでは、トーンがまったく違います。

声の響きは、横隔膜、胸部、喉、鼻腔をどのように使うかによって変わってきます。**横隔膜をしっかり使えば、肺活量を最大限に生かし、響きのある声を生み出すことができますが、口先だけを使っている場合は、ぼそぼそした声しか出すことができません。**

こうした響きの違いを理解すれば、トーンをうまくコントロールすることができます。

ペースやトーンに関連する項目として、「アタック」という要素があります。これは「最大音量に達するまでの速さ」を意味します。アタックが強い（音の立ち上がりが早い）と歯切れのいい口調になり、アタックが弱い（音の立ち上がりが遅い）と滑らかな口調になります。

たとえば鬼軍曹と学校の先生の話し方の違いを想像してみるといいでしょう。ボリューム、ペースが同じであっても、鬼軍曹のきびきびした口調と、学校の先生のソフトな口調では、雰囲気が全く違います。

アタックの強い、きびきびした口調は、より「強さ」を感じさせることができるのです。

対話の主導権を握っているのは誰か？

ピッチ、ボリューム、ペース、トーンといった要素はみな、その人の声の「強さ」や「温かさ」を生み出すのに貢献しています。

しかし、「話し方」をつくり出す要素はそればかりではありません。なぜなら、私たちは通常、独白ではなく、対話という形でしゃべっているからです。

コーネル大学のタンジーム・チョードリーは、MITメディアラボのアレックス・ペントランドと手を組んで、「ソシオメーター」と呼ばれるデバイスを開発しました。これは対話に関するさまざまなデータ（会話中の「話者交代」の頻度など）を測定することができる装置です。

ソシオメーターを使って膨大な音声データを蓄積した彼らは、人々が対話中にいくつかの「社会的シグナル」を発していることを突き止めました。

その代表例が「影響力」「模倣」「一貫性」といったシグナルです。

「影響力」とは、会話の主導権を握る力を指しています。会話をリードしているのは誰か？　どちらかが一方的にしゃべりまくっていないか？　問いを投げかけたり、答えを返したりしているのは誰か？　各自の発話時間はどれくらいか？　誰かが無理やり会話のペースを速めていないか？　こうした点に関して**イニシアチブを握っている人は、話し方を通じて一種の「強さ」を発揮することができます**。

「模倣」とは、文字通り、相手の行動パターンをまねることです。この場合、物まね芸人のように口調や言葉遣いをそっくりまねるのではなく、さりげなく相手の行動をなぞることを指します。

「模倣」にはしばしば言語だけでなく、視覚シグナル（うなずく動作など）が含まれます。「模倣」とは、**相手と似た話し方をすることによって共感を生み出す**手段であると言えます。これは「温かさ」を演出する上で非常に効果的なテクニックです。

研究によれば、レストランの接客係は、自分が給仕している客の仕草をさりげなくまねることによって、より多くのチップをもらえるようになるそうです。ティーンエイジャーは口調をまねることにかけては名人です。彼らは友人たちの言葉遣いや抑揚をいつの間にか習得し、そっくりの話し方をするようになります。こうした口調は仲間同士であることの証なのです。

「一貫性」とは、会話中の「トーン」や「ペース」「ピッチ」「ボリューム」がどれだけ一貫しているかということを意味しています。断固とした主張をもち、他人の意見を聞き入れようとしない人物の場合、この種の「一貫性」が高くなる傾向があります。**「一貫性」の高い話し方は「強さ」を感じさせます**。相手を説得できるかどうかにかかわらず、「一歩も引かない決意」というものが伝わってくるからです。

一方、声のトーンなどの変動が激しい話し方は、他人の意見を素直に受け入れる姿勢を物語っています。こうした話し方はより「温かみ」がありますが、「強さ」にはやや欠ける印象を与えます。

声がもつ力は、肉体的な活力に比例しています。声に全く力がなかったり、逆に力が入りすぎていたりするのはマイナス要素です。

じっと座ったままの姿勢では、力のある声は出せません。ですから、電話会議などの場合は、普段電話で話すときよりも、体の動きやジェスチャーを大きくするように勧めます。こうすれば声に力が入り、姿が見えなくても存在感を出すことができるからです。

「影響力」「模倣」「一貫性」の理想の組み合わせに関して、唯一絶対の正解はありません。「強さ」や「温かさ」がどの程度必要とされるかによって、ベストな組み合わせは変わってくるからです。

「つなぎ言葉」と「語尾上げ」に用心！

クライアントを指導する際に、筆者は数多くの悪癖に遭遇します。なかでもよく目にするのが「つなぎ言葉」と「語尾上げ」です。「つなぎ言葉」とは、「え～」「あの～」といった言葉のことを指します。

これらには重要な目的があります。「私の話はまだ終わっていません。次のセンテンスを組み立てるまで、少々お待ちください」というメッセージを伝えることです。

しかし、特に仕事の場においてつなぎ言葉を使いまくる人々は「強さ」に欠けた印象を与えてしまいます。職種によって許容度の違いはあるにせよ、**つなぎ言葉の乱用は若さ、未熟さ、くだけた雰囲気、野暮ったさなどを示唆します**。

この悪癖を克服する上で欠かせないのは、話の合間の「沈黙」に慣れることです。そのためには、センテンスの後に一呼吸を置く練習をしてみてください。そうした間が聞き手に与える影響に気づく必要があります。

肝心なのはつなぎ言葉なしでしゃべることではなく、「沈黙」に置き換えることです。

「語尾上げ」は平叙文をまるで疑問文のように語尾を上げて発音することを指します。このしゃべり方は通常、相手の理解度を確認する方法として使われます。いわばセンテンスの後に「おわかりですか？」という質問を添えるようなものです。

しかしこれはあいまいなシグナルであり、話し手からあまり「強さ」が感じられない場合は、相手に「これでいいですか？　このまま続けてかまいませんか？」と同意を求めているように聞こえます。

この口調は、話し手が自分の発話内容に自信をもっていないかのような印象を与え、弱々しさを感じさせます。**語尾上げは、若く、未熟で、自信なさげな人物というレッテルを貼られる原因となる**のです。

話しているときについ語尾上げが出てしまった場合は、その次のセンテンスで語尾をしっかりと下げた後、一瞬、間を置くようにしましょう。

こうすれば、キーポイントを強調するためにあえて疑問文（語尾上げ）を使い、その後に答えを提供したように聞こえます。

「問いかけ」によって聞き手の注意を引くことは、れっきとした修辞法の一つです。語尾上げの後、すぐにこうしてカバーすれば、弱々しい印象を与えることを避けられます。

これらを一掃するための一番手っ取り早い方法は、自分のありのままのスピーチを録音し、それを聞いてみることです。かなり恥ずかしい思いをするでしょうが、そのことによって、「二度とやるまい」という決意が心に刻まれるからです。

ここまで見てきたように、人間の声というものは、非常に複雑な楽器です。だからこそ、これほど多くの感情を伝えることができるのです。

声を使って「強さ」や「温かさ」を発揮する上で何よりも大切なのは「整合性」です。つまり、その人の声と発話内容、表情やジェスチャーなどが、同一のメッセージを発していることが大事なのです。

ちなみに、先程紹介したエピソードには続きがあります（161ページ）。カレンとフィルはその後30年近く経った現在も、幸せな結婚生活を送っているそうです。

ファッションとイメージの気になる関係

「反乱を起こすためには、それにふさわしいユニフォームを纏《まと》わなければならない」

――デヴァン・マルケス

一昔前まで、紳士にとって帽子は必需品でした。しかし、ある男性の登場をきっかけに、変化が生じます。二つボタンのスーツにレイバンのサングラスという独特なスタイルは、彼のモダンなイメージを象徴していました。その出で立ちは自信や落ち着きを感じさせ、「世界一の権力者」の地位を余裕をもって受け入れているという印象を与えました。

さらに、このリラックスした外見は、彼が抱えている健康問題をカモフラージュするのに最適でした。この男性は慢性的な腰痛と副腎皮質機能低下症（アジソン病）に悩まされていたのです。

彼――ジョン・F・ケネディとファーストレディーのジャクリーンは、その独自のファッションスタイルによって、アメリカ国民の永遠のアイドルになりました。彼らは従来の固定観念を打ち破り、全く新しいスタイルをつくり上げたのです。

二人はあらゆる服装を、常に自信と品格をもって着こなしていました。そのファッションの隅々にまで、彼らの個性が反映されていたと言ってもいいでしょう。

ケネディ夫妻は、外見がいかに人の印象を左右するかを理解した上で、独自のファッションスタイルを利用して巧妙なイメージアップをはかっていたのです。

1961年にフランスを訪問した際、ジャクリーンの見事なファンションセンスと立ち居振る舞いは絶賛を浴びました。あまりの人気ぶりに、ケネディ大統領が「私はジャクリーンのお付きの者です」というジョークを飛ばしたほどです。

ファッションは、多くの点で人々の印象を左右します。その一方で**ファッションは、自分自身を形づくるツールにもなります。その場にふさわしい服装をすることによって、目の前の課題に対する心の準備が整ってくる**からです。

ある研究によれば、人々は白衣を身につけただけで、まるで科学者のように厳密な思考をするようになり、集中力を要するテストにおいて誤答が減るのだそうです。一方、同じ白衣を「家のペンキ塗り用のものだ」と説明した場合、それを身につけてもテストの成績は変わらないことが判明しています。

「服装が人間をつくる」という決まり文句は、まんざら嘘でもないのです。

ファッションが主張するもの

自ら選んだ服装には、その人の個性が反映されています。だから人々は盛んに他人の外見に言及し、その服装の趣味を批判したり体型とファッションの調和について評価を下したりするのです。

「服装」というテーマは、うわべだけの底の浅い話題であり、真剣な考察に値しないと考える人もいるかもしれません。しかし、数々のデータが裏づけているように、服装は「強さ」や「温かさ」の評価において非常に重要な役割を果たしているのです。

服装が感じさせる「強さ」や「温かさ」は、主にファッションに関するステレオタイプに基づいています。

サンダルを履いた男性はヒッピーを思わせ、パステルカラーのゴルフシャツは裕福なビジネスマンを思わせ、作業用の長靴は労働者階級の男性を思わせます。

服装は常に身分や階級の差と深く結びついています。何世紀もの間、王侯貴族は豪華な衣装によって庶民との違いを見せつけてきました。

巨万の富の持ち主でなければ手に入れられないような衣装や宝石などを身につけることは、「強さ」をアピールする方法の一種でした。一部の高級服飾品は今もそうした機能を果たしています。

近年では、ファッションの多様化によって一概にはステレオタイプ化をはかれない部分もありますが、服装のアピール力はまだまだ健在です。

服装が物語るのは美的センスだけではありません。人はみな服装によって自分がどんな集団に属しているかをアピールしています。そして私たちは、相手の服装からその所属集団を見抜くことに非常に長けています。

場所がどこであれ、衣服や靴、ヘアスタイルなどから「よそ者」を見分けることはそれほど難しくありません。「親しみ」はその人物の「温かさ」を大きく左右する要素であり、「よそ者」のファッションスタイルはしばしば警戒心を呼び起こします。

人々は「社会通念からの逸脱度」という観点で人々の服装を評価することもありますが、当然その評価は、当人の価値観によって大きく変わってきます。

革新的な人は「逸脱」を高く評価し、「同調」を嫌います。一方、保守的な人は「逸脱」をマイナス要素と見なし、「同調」を重んじます。彼らにとって「同調」とは「利害を共有すること」であり、「温かさ」を感じさせる要素なのです。

たとえば、フェイスブックのＣＥＯ、マーク・ザッカーバーグは、株主総会にスニーカーとパーカー姿で現れ、ウォール街の人々を大いに驚かせました。その服装は、彼があくまで自分流を貫き通す人間であることを物語っていました。

当然ながら、高価なスーツに身を包んだ弁護士や投資銀行家が居並ぶ保守的な環境では、社会通念から逸脱した彼のファッションスタイルは不評でした。ザッカーバーグの出で立ちは、「傲慢で未熟な人間」という印象を与えたのです。フェイスブックの株価が上場直後に暴落した際には、「彼には世界的企業を経営するだけの手腕がないのではないか」という声も上がりました。

彼の「部屋着ファッション」と、その後に生じた「経営能力への疑念」の間に因果関係があるわけではありません。しかし、ザッカーバーグのファッションスタイルは、彼という人間を語る上で欠かせない要素になっています。

いずれにしても、スーパーヒーローのコスチュームが主人公を変身させてくれるように、適切な衣服を纏うことによって、私たちは目の前の試練に果敢にぶつかっていけるようになります。

一般に、衣服はそのフォーマル度が高ければ高いほど、「強さ」を感じさせます。フォーマルな服を着ている人は、より知的で洗練度が高く、尊敬に値するという印象を与えます。オフィスで働く場合であれ、街頭で嘆願書への署名を請う場合であれ、フォーマルな衣服は人々の協力を取りつける上で大いに役立ちます。

フォーマルさはその人の「本気度」を物語っているのです。

カジュアルな衣服のとらえ方は、フォーマルな衣服の場合ほどはっきりしていません。**大部分の人が略装をしている場合、自分がカジュアルな衣服を着れば、彼らの衣服の選択の正しさを認めることになり、「温かさ」をアピールすることができます。**

そういうわけで、政治家は定期的にフランネルのシャツを着て練り歩き、自分たちが素朴で善良な人間であることを知らせようとするのです。

一方、億万長者の映画スターが、破れたジーンズとボロボロのTシャツという姿で現れた場合、彼らはますます強い存在と見なされるようになります。つまり、成功を収めた人々は、「ルールを勝手に破り、好きな服を自由に着られる権利」を手にすることができるのです。

ファッションスタイルは単なる「趣味」の表れではありません。個人の「姿勢」を反映するものです。ファッションスタイルをうまく利用すれば、性別や年齢、ルックスなどによってもたらされるマイナスの印象を埋め合わせることができます。自分が生まれもった「強さ」や「弱さ」のアンバランスを整えることができるというわけです。

服装に関する最終的な結論を導き出すとすれば、「その服を着たときに、自分がどんな気分になるかという点」に注意を払うべきでしょう。

なぜなら、そうした気分は、どのように振る舞い、どのような「強さ」「温かさ」のシグナルを発するかを左右するからです。気分が変われば、発する非言語シグナルにも変化が生じます。

ファッションスタイルがどうであれ、そうした「非言語メッセージ」こそ、あなたの印象を最も大きく左右するものなのです。

笑顔のレッスン

COLUMN
3

笑顔の重要性がわかってきたところで、つくり笑いではなく、自然に見せる方法を知りたくなります。

では、「笑顔のつくり方」にレシピはあるのでしょうか？

端的に言えば答えはノーです。感情の裏付けがなければ、本物の笑顔をつくることはできません。何年も演技の訓練を積んだ俳優であれば、思いのままに自然な笑みを浮かべられるかもしれませんが、私たちにそんな芸当は無理です。

心が温かくならなければ、笑顔は出てこないのです。

効果的なのは、笑顔を見せるべき場面で、思わず心からニコニコしてしまいそうな物事を思い浮かべることです。たとえば、**飼っている動物のことや、お子さんのこと、愛するパートナーのことなどを思い浮かべるのです。**

それらのエピソードを具体例として、話題にうまく盛り込むことができれば、あなたの顔は自然で本物の笑顔に変わるはずです。

Part 4

相手の心をつかむ
聞き方・話し方

意識・無意識に働きかける言葉

「『ほぼ正しい言葉』と『正しい言葉』の違いは、実はかなり大きい——なぜならそこには『蛍（lightning-bug）』と『稲妻（lightning）』ほどの差があるからだ」

——マーク・トウェイン

非言語シグナルと同様に、「言葉」もまた、「強さ」や「温かさ」のシグナルを発しています。

現代のコミュニケーション研究の草分けとなったのが、1951年にイェール大学の二人の教授が発表したある論文でした。その論文によれば、**人を説得できるかどうかは、二つの要素——「技術（強さ）」と「信頼性（温かさ）」によって決まる**のだそうです。

前述の通り、アルバート・メラビアンによれば、感情の伝達において、視覚情報や聴覚情報といった非言語シグナルは言語情報（発話内容）よりも重要な役割を果たしています。しかし、これを別の角度から見れば、非言語シグナルと発話内容が共通のメッセージを訴えている場合、言語は非常に大きな説得力をもち得るということになります。

非言語コミュニケーションがもっぱら無意識のレベルで行われているのに対し、言語は意識・無意識の両方に働きかけています。言語は私たちの意識という舞台に堂々と上がり込み、さまざまな連想を生み出します。

脳科学の用語を使って言えば、言語は感情だけでなく視覚などの感覚情報を呼び起こすことによって、「ニューラルネットワーク（神経回路網）を活性化する」のです。誰かに微笑みかけられたときの反応に比べてそのスピードはやや劣るものの、言語は瞬時にさまざまな記憶やイメージを呼び起こし、私たちの思考や感情を形づくっていると言えます。

言葉を巧みに操ることを得意とする仕事の代表格は、法律家ではないでしょうか。裁判所という舞台では、常に高度な言葉の駆け引きが繰り広げられています。

法律家はクライアントの代理人を務めることによって高い報酬を得ています。こうした任務には、法律に関する知識と説得力のある議論を展開する能力の両方が求められます。

「法廷もの」の映画やドラマに人気が集まるのは、雄弁術というものがもともとドラマチックな要素をもったパフォーマンスだからです。

検事と弁護士の対決はスリルに満ちており、数々の攻防を繰り返した後に、最終的に勝者と敗者が決定します。

ギリシャ人やローマ人は言葉に関する技術を体系化し、それを「弁論術《レトリック》」と呼び、教養教育に不可欠なものと位置づけました。

弁論術に長けた人々は「強さ」を感じさせます。彼らはより説得力があり、情報をうまく使いこなしているという印象を与えます。また、雄弁な人は、魅力的で社交性に富んでいるように見えます。

一方、私たちは時として弁の立つ人々を警戒し、彼らを「口先のうまい人」「詭弁家《きべんか》」と呼び、その善意を疑ってかかったりもします。

名演説もまた、聴衆の心を虜にします。それはまさに「強さ」の表れです。多くの人を相手にする言葉のパフォーマンスは、単に意志の力だけで成し遂げられるものではありません。話し手が面白味のない口下手な人間や、とんでもない愚か者だったとしたら、聴衆はたとえ密室で話を聞くように強要されたとしても、彼の話に耳を傾けようとはしないでしょう。

ここで思い出してほしいのは「温かさには強さをもたらす力がある」という事実です。**話上手な人は、まず「温かさ」をアピールすることから始めます。つまり、相手に共感を示すことによって、聴衆の心をつかもうとする**のです。

聴衆の関心を引きつけることができれば、それは「強さ」を発揮することにもつながります。そのとき話し手は人々の心を完全に支配し、彼らの感情を揺さぶったり、行動に駆り立てたりするチャンスを手に入れるのです。

レトリックの基本要素

言葉を聞いたり、読んだりする際に、私たちはそれぞれの言葉がもつ「強さ」を感じ取っています。

文法的なことを言えば、「受動態」（The meeting was called to order by president.

大統領によって会議の開会が告げられた）よりも「能動態」（The president called the meeting to order. 大統領は会議の開会を告げた）のほうが好ましいとされるのは、言葉が力強さや明快さを伝えてくれるからです。

語彙の豊かさもまた、言葉の「強さ」と結びついています。とはいえ、小難しい言葉や美辞麗句ばかり並べ立てることは、「温かさ」の面ではマイナスに働く可能性があります。

「たぶん〜だと思うのですが……」といったあいまいな言葉遣いは、信頼性を損なう原因になります。過度の敬語や、回りくどい表現もまた、「強さ」に欠けた印象を与えます。

複雑なセンテンスは必ずしも「強さ」を感じさせません。

さまざまな理由によって、私たちは、「複雑なセンテンスよりも単純なセンテンス」を、そして「否定文よりも肯定文」を理解することに長けています。

華麗なる弁論テクニックを見せびらかしたい気持ちはわかりますが、レトリックを駆使して「強さ」を発揮すればするほど、聴衆の理解度は下がってしまいます。

また、いたずらに複雑な言い回しを使うことは、もったいぶった印象を与え、反感を招きます。明快さやロジックの欠如のために、むしろ「強さに欠けた」イメージを与えてしまうのです。

古典的なレトリック技術は、「強い言葉」を生み出す上で今なお大きな効果をもっています。その中でも特に選りすぐりのレトリック技術を紹介します。

1　メタファーとアナロジー

メタファー、つまり隠喩は至るところにあふれており、私たちは無意識のうちに常にそれを使っています。

一例をあげれば、「状況が上向きつつある」と言った場合、私たちは「上＝良い」というメタファーを使用したことになります。

ハーバード大学ジャーナリズム・ニーマン財団の副学芸員であり、有名誌の編集者をしてきた作家ジェームズ・ギアリーは著書『I Is An Other』において、私たちをメタファーの世界に案内してくれます。ギアリーによれば、人々は日常会話の中で1分間に約6回もメタファーを使っているそうです。

優れたメタファーは、人や物、概念に対する私たちの認識を一変させます。

心理学者であり作家のジョン・グレイが「男は火星から、女は金星からやってきた」と述べたとき、人々は彼の意図を即座に理解することができました。いちいちローマ神話の本を引っぱりだし、火星は戦いの神であり、金星は愛の神であることを確認する必要などなかったのです。

メタファーと同様に、アナロジー（類推）もまた、「あるものを、それと似た別のものを通して理解する方法」を提供してくれます。

アナロジーは「最近の出来事」を「歴史上の事件」を通して解釈する際によく用いられます（例：２００８年のリーマンショックは１９２９年の世界恐慌以来最悪の金融危機である）。

しかし、こうした比較は往々にして、どこか正確さに欠けています。なぜなら、現在と過去では、状況が全く違っているからです。この種のアナロジーの用い方には注意が必要です。

2　三段論法

論理的思考の代表例が三段論法です（例：魚は水中を泳ぐ。マスは魚である。それゆえ、マスは水中を泳ぐ）。

三段論法はデータを整理して結論を引き出す際に非常に役に立つだけでなく、論理的な誤りを暴くための強力な武器にもなります。三段論法は、あいまいな思考にメスを入れ、厳密な理論を展開するのにうってつけの方法だと言えます。

3 反復

歴代の雄弁家たちは数多くのテクニックを用いて、聴衆の心をつかんできました。たとえば反復を取り入れれば、特定の言葉を人々の心に刻みつけることができます。近代の反復レトリックの例として最も有名なのが、キング牧師の「I Have a Dream（私には夢がある）」というスピーチです。

センテンス単位ではなく、単語・フレーズ単位の繰り返しでも、同様の効果を得ることができます（例：all for one and one for all〔みんなは一人のために、みんなは一人のために〕）。

4 押韻

押韻とは、同一または類似の音をもった語を一定の箇所に用いることを指します。押韻には、単語の頭で韻を踏む「頭韻」（例：rock 'n' roll〔ロックンロール〕、land of liberty〔自由の国〕）や、単語の末尾で韻を踏む「脚韻」（例：quicker picker-upper〔こぼれたジュースもサッとひと拭き／ペーパータオルのコマーシャル）などがあります。

「三連表現」（例：I came, I saw, I conquered.（来た、見た、勝った））も、人々の心に強い印象を残します。こうした押韻は私たちにとって非常になじみ深いものです。

5　引用

誰かの名言を引用すれば、華麗なレトリックを手軽に披露することができます。引用句の使用は、話し手が博学でさまざまな思想に精通しており、それらを結びつけて考える能力をもっていることを物語っています。

そういう意味で、引用句は一種のアナロジーとして機能しています。それは先人たちが築き上げてきた、身近な苦境を乗り越えるための処世訓なのです。

ただし、過剰にこれらのテクニックを使うと、先に述べたように逆効果になってしまいます。あくまで効果的な範囲で用いましょう。

適切な言葉のトーンを採用する

言葉にも「トーン」というものが存在します。言葉のトーンとは、その人の文章や談話の個性のことです。こうしたトーンもまた、「強さ」「温かさ」といった観点から評価することができます。

フォーマルな言葉遣いは「強さ」を感じさせます。なぜならそれは、権力者のしきたりに精通していることを示唆するからです。

一方、**カジュアルな言葉遣いはより親しみやすく、温かみのある印象を与えます**。カジュアルさは「弱さ」につながるかと思いがちですが、そうでもありません。コメディー・パフォーマンスや、歌の歌詞、ラブレターなどはみな、強烈なパワーを発揮することが可能です。

話し言葉であれ、書き言葉であれ、説得力を生み出すためには、適切な言葉のトーンを採用しなければなりません。

場合によっては「適切なトーン」と「自分の本来のトーン」が全く違っていることもあります。

日頃から「つなぎ言葉」を多用し、カジュアルな口調で話している人は、フォーマルな場面でのスピーチにかなり苦労するでしょう。一方、学術論文を書くことを生業としている人にとって、簡潔なビジネスメモを作成するのは至難の業に違いありません。

こうした場面を乗り切る方法の一つとして、芝居の役を演じるように、適切なメッセンジャーの心境になりきることがあげられます。

理想のトーンをもつ人物をうまく思い描くことができればできるほど、そうしたトーンで話すことが楽になります。

たとえば、祖母の友人たちに話しかける場合は、「毎週教会に通っている、礼儀正しく親切な青年」の姿を思い浮かべ、その人物になりきってみてください。そうすれば祖母の顔を立てることができるでしょう。

また、テクノロジー嫌いの人々に技術サポートを提供する際には、ユーザーマニュアルを読み上げるような口調ではなく、旧友に話しかけるときのような、気どらない庶民的な言葉遣いを取り入れるようにしてください。

ロバート・ケネディのスピーチ

「おじは、ロードアイランド州バーリントンには二種類の人間がいると言った。この土地の人間と、そうでない人間だ」

――スポルディング・グレイ

インディアナポリスで遊説中だったロバート・ケネディは、その夜も普段通りに短いスピーチを行う予定でした。そんなとき、衝撃的なニュースが飛び込んできました。あのキング牧師が暗殺されたのです。

白人である彼は、黒人が大部分を占める聴衆に対して、この悲しいニュースを知らせなければならなくなりました。

キング暗殺の一報を携えてマイクに歩み寄るのは、火のついたマッチを持って火薬庫に近づくのと同じくらい勇気のいることでした。地元の警察からは、もし暴動が起きた場合、身の安全は保証できないとはっきり告げられていたのです。

彼はいきなり本題に入りました。

「ここにいるすべての皆さんにとって、非常に悲しいお知らせがあります。今夜、テネシー州メンフィスにて、マーティン・ルーサー・キング氏が銃撃されて亡くなりました」

いっせいに驚きの叫びが上がります。その後、ショックを受けた聴衆は再び静まり返りました。

「マーティン・ルーサー・キング氏は、生涯を愛と正義のために捧げました。その努力のために彼は殺されたのです。この合衆国にとって困難な日、困難なときにこそ、私たちは自分たちがどんな国民なのか、どこへ向かおうとしているのかを問うべきではないでしょうか」

それから彼は、自分を見つめている黒人たちの顔を見渡し、彼らに直接語りかけました。

「ここにいる黒人の皆さんの心は、白人に対する憎しみや復讐の念で煮えたぎっているかもしれません。私たちは国家としてそちらの方向へ進むこともできます。『黒人』対『白人』という対立構造をますます深め、互いへの憎しみを募らせることもできるでしょう。あるいは、私たちはマーティン・ルーサー・キング氏が実践してきたように、互いを理解し合うよう努力することもできます。この国を覆う暴力や流血を根絶し、互いへの理解や思いやり、愛という目標に向かって努力することもできるのです。

黒人の皆さん、これほど不当な仕打ちを行った白人への憎しみや不信感を抑えきれない皆さんに対して申し上げたいのは、私があなた方と同じ想いを共有しているということです。私もまた、白人の手によって自分の家族を殺されたのです」

こうして彼がスピーチを終えると、群衆はそのまま帰途につきました。キング牧師の暗殺後、全米125の都市で暴動が起き、35人の死者と数百人の負傷者が出ました。しかし、インディアナポリスだけは例外でした。この街だけは変わらず穏やかさを保っていたのです。

ロバート・ケネディは黒人にとっては部外者、もしくは憎むべき白人の立場でありながら、群衆に対して最悪のニュースを伝えなければなりませんでした。それは「don't shoot the messenger（メッセンジャーを殺すな＝悪い知らせの伝達者を不当に非難すべきではない）」という言い回しが、単なる比喩ではなくなってしまう恐れすらある状況でした。

言葉の選び方を間違えれば、文字通り命取りになりかねなかったのです。

メラビアンの法則の通り、話し手の感情の大部分は、言葉ではなく「非言語シグナル」によって伝えられています。しかし、言葉をいっさい使わなければ、聞き手は「非言語シグナル」だけを頼りにして、話し手の気持ちを推測しなくてはなりません。これでは、相手が本当に自分たちと同じ意見を共有しているのかわからなくなってしまいます。

聞き手が自分の言葉にしっかりと耳を傾けてくれた場合、話し手は彼らの心の中にさまざまな光景を描き出し、あらゆる感情を呼び起こすことができます。

すべての言葉が人々を感動させるわけではありませんが、魂に響く言葉によって聴衆の心情を一変させることは可能です。こうした行為は、その人の「強さ」の証明に他なりません。

そして、言葉を通じて聴衆と感情を分かち合うことができたとき、それは「温かさ」の証明にもなるのです。

「輪《サークル》」の内と外

ロバート・ケネディの言葉は、なぜ聴衆の心を動かしたのでしょうか？

キング牧師の死の知らせが聴衆の激情を煽ることは、あらかじめわかっていました。だからこそ、まずはそうした感情に理解を示すべきだとケネディは考えたのです。彼に求められているのは、暴力の不毛さを説くことではなく、虐げられてきた黒人たちの激しい怒りや無力感への理解をはっきりと示すことでした。

ケネディはまず、「皆さんの心は、白人に対する憎しみや復讐の念で煮えたぎっているかもしれません」と語り、相手への共感を示しました。彼が訴えようとしているテーマは、こうした発言とは別のところにありました。しかしこの言葉で彼は聴衆の心を開くことができたのです。

ケネディは黒人たちと心を通じ合わせ、自分が「相手側」に立っていることを訴えました。それはまさに「温かさ」を感じさせる行為でした。

こうした「温かさ」を感じ取ったからこそ、黒人たちは彼の言葉に素直に耳を傾けることができたのです。

「私はあなた方と同じ想いを共有しています。私もまた、白人の手によって自分の家族を殺されたのです」

彼のこの言葉は、聴衆の心を激しく揺さぶりました。誰もが彼の兄、ジョン・F・

ケネディが暗殺された場面や、そのときの感情を思い起こしたに違いありません。彼はこうした反応をあらかじめ予想しており、そのインパクトに望みを託していました。

このアナロジーによって、ケネディは白人と黒人という決定的な格差を乗り越え、聴衆と一体となることができました。自分も同じ苦しみを味わったからこそ、彼は黒人たちの気持ちを理解することができたのです。

クライアントを指導する際に、真っ先に紹介するコンセプトの一つが、私たちの呼ぶところの「輪《サークル》」の概念です。

たとえば、ある人物を説得し、支援を取りつけようとしている場面を想像してください。筆者はあいにく芸術的センスに恵まれていないため、いつもこの人物を「棒人間」で描き表しています。次に、この棒人間を囲むように大きな輪を描きます。

その結果、世界は二つに分断されます。この人物と同じような価値観をもった人々は、輪の内側に属しています。彼らは人生のあらゆる局面において共通認識を分かち合っています。一方、この人物と異なった価値観をもった人は、輪の外側に属しています。両者の間には全く接点がありません。

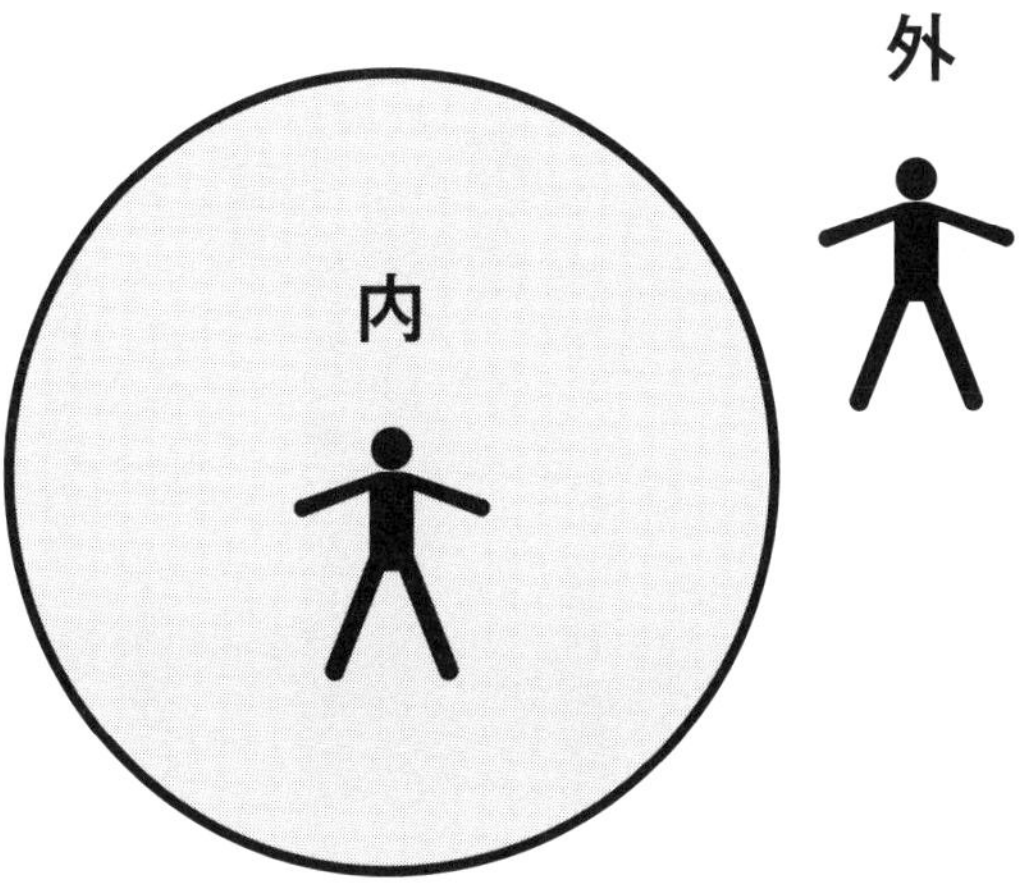
外
内

このちっぽけな落書きにはいったいどんな意味があるのでしょうか？

実はこれは、聞き手との効果的なコミュニケーションに欠かせない要素を図式化したものなのです。**私たちが最初にやるべき仕事は、文字通りこの輪の中に入ることです**。というのも、こうした輪は、単に価値観の枠組みを示すだけでなく、声が届く範囲を表しているからです。

会議やスピーチなどの場面で誰かが話し始めたとき、私たちは二つの問いを突きつけられます。

一つは、「相手の話に納得がいくかどうか」です。そして二つめは、その答えを出す前に真っ先に考えること――「相手は耳を傾ける価値のある人間かどうか」ということです。

彼らは話を聞くに値する有能な人間でしょうか？　相手はいったいどんな意図をもっているのでしょうか？　敵でしょうか？　それとも味方でしょうか？　仮に相手から「強さ」（話のテーマに関する理解力）も「温かさ」（親近感）も感じられない場合、あなたは彼らのあらゆる発言を疑ってかかるに違いありません。

私たち自身が相手を説得する際にも、同じ課題に直面することになります。

相手が私たちを「輪の外側の人間」だと判断した場合、たとえ一日中話し続けたとしても、彼らは耳を傾けてくれないでしょう。私たちの声はただ彼らの耳を素通りしていくだけです。彼らは私たちの価値観を取り入れようなどとは思っていません。私たちは永遠によそ者として軽んじられてしまうでしょう。

この「輪」の概念は、科学的なものではありませんが、コミュニケーションについての理解を深める上でとても有効です。

世界は輪の「内」と「外」に二分されており、輪の内側に入らない限り、誰もあなたの話を聞いてはくれないのです。

したがって、まずは相手の「輪」の中に入ることを最優先しなければなりません。

「輪」の中に入る方法

では、相手の「輪」の中に入るにはどうすればいいのでしょうか？

「笑顔を見せる」「他人のためにつくす」など、「温かさ」を発揮する方法については、これまでにいくつも紹介してきました。そうした方法を実行することも、ある程度は役に立つでしょう。

しかし、**聞き手が本当に求めているのは、あなたが「自分と同じ目線に立った人間」であるという確信です**。つまり、「輪」の中に入るには、聞き手に対して深い「共感」を示し、相手の感情を肯定してやればいいということになります。

聞き手がある問題に関して苛立っているのであれば、あなたも同様に苛立ちを示してください。

一方、聞き手が幸せを感じているときには、あなたも一緒に幸せを分かち合うべきです。また、ある問題に対して聞き手が態度を決めかねているように見える場合は、あなた自身にも迷いがあることを示すといいでしょう。

こうしたステップ自体は、決して難しいものではありません。問題なのは、私たちがこのステップをつい見落としがちなことです。

特に、自分が聞き手とほぼ同じ感覚を共有している場合、そんな当たり前のことを口に出すのは、時間の無駄のように感じるかもしれませんが、それは間違っています。**冒頭の「温かさ」のアピールが強力であればあるほど、私たちの言葉はより大きな説得力をもつようになる**からです。

論理的な主張を展開することよりも、温かみを発揮し、相手の好感を勝ち取ることのほうが、聞き手の支持を取りつける上でより大事なのです。

聞き手と意見が合わず、必ずしも同じ感覚を共有できていない場合、相手の「輪」に入ることの重要性はますます高くなります。

これを実行するのは決して簡単ではありません。ともあれ、この場合もやるべきことは同じです。私たちは聞き手の考えや感情に対して（たとえそれらが自分の信条に反するものであったとしても）共感を示さなければなりません。どうすればそんなことが可能になるのでしょうか？

何よりも大切なのは、相手に感情移入することです。

自分自身の感情や考え方に対して常に忠実であることを守りながら、互いの感情の中から何らかの共通点を見つけ出し、それを相手にアピールするのです。

自分の価値観を受け入れさせるためには、まず相手の価値観を受け入れなければなりません。そうして初めて、対等な立場でコミュニケーションをとることができるのです。聞き手の心情を察し、相手の立場でものを考え、その気持ちに理解を示すことを心がけましょう。

もし、相手の意見にどうしても賛成できない場合はどうすればよいのでしょうか？　相手が怒りっぽく、卑劣で、思いやりがなく、頑固で、嫌悪すべき人々だったとしたら……？

このような場面で相手を説得することは、決して簡単ではありません。

まずは、相手の境遇に思いをはせ、何が彼らに問題行動を取らせているのか推測してみてください。**相手が敵意に満ちている場合は、感情そのものを共有するのではなく、そうした敵意の底にある「フラストレーション」のほうに理解を示す**ようにしましょう。ロバート・ケネディはまさにそれを実行しました。

たとえ迫害者に対する意見が異なっていたとしても、迫害されてきた人々の苦しみに共感することは可能です。「もし彼らと同じ道を歩んでいたら、自分も同じ感情を抱くのではないか？」――そう問いかけてみてください。

聞き手と同じ目線に立って初めて、彼らと手を携えて歩き出すことができます。相手の視点で世界を眺め、心の底から共感できる感情体験を見つけ出しましょう。

次にすべきは、自分と聞き手の双方が納得するような言葉を使って、自分の気持ちを表現することです。

たとえ聞き手と同じ感情を共有していたとしても、双方が理解し納得できる言葉を使わなければ、共感を示したことにはなりません。

私たちが目を向けるべきなのは、聞き手の特定の苦情ではなく、その苦情の根底にある、より一般的な感情です。

人々が不幸な境遇に置かれている場合、あなたが取るべき手段の一つは、現状の理不尽さをきっぱりと指摘することです。

たとえば、民族間の緊張が非常に高まっている地域においても、子供にだけは民族の垣根など気にせず自由に遊び回り、のびのびと育ってほしいというのは、双方の願いであるはずです。

「子供は恐怖の中で暮らすべきではない。文明人はそれを見過ごしてはならない」という言葉に思いをはせてみてください。この言葉は双方の民族に共通するフラストレーションや怒りを如実に表しています。こうした意見に異議を唱える者は、どちらの側にもいないはずです。

こうした「輪」のテクニックは、従来の議論の手法とは全く違った説得術です。従来の議論では、各自が自分の立場を固守したまま、より説得力のある陳述を展開することによって、聞き手を自分の側に引き寄せようとします。それは聞き手という「賞品」をめぐって行われる綱引きのようなものです。

一方、**「輪」の概念を用いた説得術の場合、真っ先にすべき行動は、聞き手のほうへ歩み寄ることです。そして相手の肩に腕を回し、その心をつかんだ上で、彼らを自分の側へ誘導することができるのです。**

相手の第一声に注目する

相手の「輪」に入ろうとする場合、まずは「彼らはどんな気持ちでいるのか」「世界とどう関わっているのか」「何が彼らを動かしているのか」といったことを突き止めなければなりません。非言語シグナルやその場の状況など、ヒントになるものはたくさんあります。

なかでも注目すべきなのは「第一声」です。最初の一声は、非常に多くのことを語っています。

同じ内容を伝えようとしている場合でも、私たちが使う言葉は千差万別です。言葉の選び方や文章の組み立て方を見れば、その人のパーソナリティがよくわかります。パーソナリティが違えば、使う言葉も全く違ってきます。こうした話し方のスタイルは、相手の「輪」に入り込む方法を考える際に大きなヒントになります。

たとえば二人の人物に、クレジットカード会社が全く同じ内容の文書――引き落とし口座の不備のため、フリーダイヤルに電話するように指示した通知を郵送したところ、コールセンターにそれぞれ電話がかかってきたとします。

人物A「もしもし、そちらの会社から口座の不具合に関する通知をいただきましたのでお電話したのですが」

人物B「えーと、クレジットカードのことで電話しろっていう通知が来たんだけど、これってどういう意味なの？」

Aの人物のフォーマルな話し方は、非常に理知的な印象を受けるのではないでしょうか。一方、Bの人物のくだけた口調からは、正確性よりもむしろ感情（困惑）を重視する姿勢が感じられることでしょう。

ボディランゲージからその瞬間の相手の気持ちが読み取れるのと同様に、口調からその人の心の機微を読み取ることは可能です。

話し方から相手の性格を素早く分析し、それに見合った対応を取ることができれば、彼らの「輪」にスムーズに入っていけます。

相手が「事実のみを重んじる堅実派」ならば、まず「データ」を提示しましょう。一方、相手が「優柔不断な夢想家」の場合は、映画「スター・ウォーズ」のオビ＝ワン・ケノービのような穏やかな指導者を演じ、彼に行動を促すようにするといいでしょう。

人はみな、そのときの状況に合わせて多少話し方を変えています。たとえば、医者と話すときの言葉遣いと、家族と話すときの言葉遣いは、かなり違ったものになるはずです。

「輪」の概念を明確に理解するためには、それと「似て非なるもの」との区別をはっきりさせなければなりません。

バックグラウンドの共有だけでは内側に入れない

聞き手と同じ体験を共有していることは間違いなくプラスになります。たいていの場合、その体験は口に出して伝えるべきです。ロバート・ケネディが家族の悲劇を引き合いに出して聴衆との一体感をつくり上げたことを思い出してください。

共通の体験を呼び覚ますことによって、聴衆は自分自身の体験に照らして、話し手の気持ちに共感できるようになります。

ただこれも、常にそうとは限りません。

たとえば、聞き手が自分と同じ学校の出身であり、同窓生のほとんどは母校を愛し、学校のフットボールの試合を欠かさず見に行っていたとします。しかし、もし聞き手が少数派で、「フットボールが大嫌い」で、「こんな学校は一日も早く卒業したい」と思いながら学校に通っていたとしたら、同窓生だと告げることは、むしろマイナスに働くでしょう。相手はあなたもまた、母校（およびフットボール）を愛しているに違いないと考えるからです。

同じ環境にいたとしても、人々の味わう経験は千差万別です。**共通の体験を引き合いに出せば、しばしば聞き手の共感を得られることは確かですが、それだけでは相手の心をつかめない場合もあります**。

実績の過度のアピールは禁物

自分がその道の権威だということを知らせれば、「傾聴に値する人物」だと思ってもらえるだろうと考える人もいるでしょう。しかし、そうした行為は主に「強さ」や「有能さ」のアピールであって、「温かさ」をもたらすものではありません。

学位や長年の経験、専門分野における実績などは確かに価値のあるものであり、それを伝えることが功を奏する場合もあるでしょう。ただし、この種のアピールには限界があることをわきまえるべきです。

第一に、学位や肩書は、時としてマイナスに働くことがあります。たとえ立派な学位や肩書があったとしても、聞き手があまり高い学歴や役職の持ち主ではなく、そうした肩書に対して自分とは無縁と感じたり、反発を覚えたりする場合です。

第二に、インターネットの時代においては、専門家は掃いて捨てるほどいるということを認識しなければなりません。

たとえば、無数の識者が「二酸化炭素の排出は地球温暖化を引き起こし、台風やハリケーンによる被害を増加させる」と唱えていたとしても、どこかに一人くらいはそれに反論する専門家がいるはずです。こうした人物は間違いなく注目を集めることになります。素人である私たちは、少ない知識で二人の専門家の真偽を見極めるという難問を突きつけられます。

ところがこのとき、全く別のテーマで、私たちがある仮説を固く信じていたとしましょう。そして一方の専門家がその仮説に対して同意を示したとします。その場合には、私たちはその専門家を「傾聴に値する人物」と見なし、よく知らない分野に関しても、その人の意見を信じようとする傾向があるのです。

これもまた、ハロー効果の一種です。要するに「価値観の共有をアピールすること」は、どんな肩書よりも強力な効果を持っているのです。

もちろん、だからといって、無理してまで実績や経歴を隠す必要はありません。ただし、それらを自慢の種にするのではなく、「貴重な体験談の材料」と見なすようにしましょう。

興味深いエピソードを紹介するという手段は効果抜群です。

聞き手の注意を引きつけ、「強さ」を発揮できるだけでなく、相手の共感を呼び、「温かさ」を発揮することもできます。また、あるテーマについて実体験をもっている場合は、生々しいエピソードを語って聞かせるといいでしょう。そうすれば、聞き手との一体感を確立することができます。

たとえば、ある男性が「私は退役海軍大尉です」と語っている姿を想像してみてください。

では次に、同じ男性が次のように語っている場面を思い浮かべてみてください。

「学校を卒業した後、私は海軍に入隊し、それから8年間、フットボール場より広い甲板をもった大きな船の上で過ごしました」

最初のバージョンが伝えているのは「自分はあなた方とは違う人間だ」という事実です。一方、二つめのバージョンは「学校を卒業する」という誰にとってもなじみ深い出来事から始まり、その後の彼の経験を生き生きとした描写によって伝えています。

聞き手の心をつかむ一方で、より「強さ」を演出したい場合は、次のように言うこともできます。

「学校を卒業した後、私は海軍に入隊し、駆逐艦の複雑な兵器システムを管理する技術者になりました」

履歴書を読み上げるような調子で経歴を語るのはやめて、聞き手と一緒にそれらを追体験するような気持ちで、過去のエピソードを紹介するようにしてください。

「輪」のテクニックのメリット

「輪」のテクニックは、ほかにも次のようなメリットがあります。

1 「話のわかる人間」だと思ってもらえる

「話のわかる人間」だと思われたいなら、最初に口にする意見（聞き手にとっての第一声）を相手から見て「筋道の通ったもの」にしなければなりません。

人々の考え方は千差万別ですが、誰もが自分は「話のわかる人間」だと思っていることだけは確かです。ですから、第一声で相手と共通の世界観をもっていることをアピールできれば、私たちもまた「話のわかる人間」だと思ってもらえます。

その時点で、すでに聞き手は私たちに対して期待を抱き始めています。

「なかなか話のわかる男じゃないか。きっとこの先も筋の通った話をしてくれるだろう」――彼らはそう思うに違いありません。

仮にその後の発言で私たちが筋の通らない話、すなわち、相手の価値観と相反する意見を口にしても、聞き手は即座に私たちを駄目な人間と見なすわけではありません。その代わりに、彼らは心理学者が言うところの「認知的不協和」（心理的葛藤に伴う不快感）を味わっています。

聞き手は何とかしてこの葛藤を解決したいという気持ちに駆られ、おそらく自分の意見を部分的に修正し、私たちの意見の一部を取り入れようとするでしょう。

この状態は「完全勝利」とは呼べません。しかし、聞き手が全く耳を貸さなくなってしまうよりはずっとましです。もし私たちが第一声で、信頼を獲得できていなければ、最初から相手にそっぽを向かれていたに違いないからです。

第一声で聞き手に「イエス、その通り！」と思わせることができれば、いわゆる「イエスの勢い」（いったん「イエス」を口にし始めると、次から次へと「イエス」とい

う答えが出てくること）が生まれます。

これは警察が容疑者の取り調べを行う際のテクニックと似ています。「名前は○○だな？」「はい」「住所は○○で間違いないか？」「はい」「被害者を殺したことを覚えているか？」――彼らはこうやって答えを引き出しにくい質問に対して「はい」を引き出そうとするのです。

2　好人物という印象を与えられる

聞き手の意見に同意すれば、彼らの世界観を肯定することになり、好印象を与えることができます。さらに、相手にとってなじみ深い意見を口にすれば、私たち自身もまたなじみ深い存在と見なされ、その結果、聞き手は安心して私たちに耳を傾けることができます。

やがて彼らはそうした好印象を、私たちの人格と結びつけて考えるようになります。つまり、好人物だと思ってもらえるようになるのです。

「好人物」という印象は大きな説得力を生み出します。たとえばテーマが複雑な場合、互いに矛盾したさまざまな意見を整理するためには、多くの時間や手間やスキルが必要になります。しかし聞き手は必ずしもそれらの条件を備えているわけではありません。

その場合、彼らはつい「好感のもてる人物」の意見に賛成したくなります。こうしたケースでもやはり「認知的不協和」がプラスに働いています。つまり、私たちは「好人物であれば、その意見もきっと正しいに違いない」と思い込む傾向があるのです。

一方、「好感のもてない人物」の意見に同意するためには、より複雑な世界観が必要であり、時間や手間もかかります。要するに、「好感のもてる人物」に賛成したほうがずっと楽なのです。

3 「借りができた」と思わせることができる

聞き手の世界観を肯定し、好印象を与えれば、「感じのいい人物」と見なされるだけではなく、相手に「借りができた」と思わせることができます。

社会心理学者ロバート・B・チャルディーニは著書『影響力の武器』(社会行動研究会訳、誠信書房、1991年)において、こうした「好意の返報性」(互恵性)を見事に説き明かしています。

私たちは会計士が帳簿をつけるように「好意の貸し借り」を記録しており、人から何らかの施しを受けたときには、必ずそのお返しをしようとします。こうした現象は、他人との会話の際にも生じます。聞き手は自分の世界観を肯定し、満足感を与えてくれた話し手に対して、恩返しすべきだと感じるようになるのです。

相手がこちらに不信感を抱いている場合にも有効

ときとして、こちらが口を開く前から、聞き手が私たちに不信感を抱いている場合があります。あるいは、非常に強力な論客と意見を戦わせなければならない場合もあります。こうしたケースでは、「輪」のテクニックがいっそう役に立ちます。

このテクニックには以下のようなメリットがあります。

1　先入観を覆すことによって、相手の関心を引きつけられる

レオ・トルストイはかつてこう言いました。

「相手が先入観さえ持っていなければ、最も愚かな人間に、最も難しい事柄を説明することもできる。しかし、相手がすでに先入観に凝り固まっている場合、最も賢い人

間に、最も簡単な事柄を説明することもできなくなる」

聞き手が自分と敵対する立場だったり、なじみのない顔触れだったりする場合（例：社員V．S．経営者、田舎者V．S．都会人、臨時教師V．S．生徒）、私たちは最初から大きなハンディを背負うことになります。

相手に多少なりとも耳を傾けてもらうためには、まず自分が彼らの思っているような人間ではないことを証明しなければなりません。

第一声で相手と共通の世界観をもっていることをアピールすれば、彼らの意表を突くことができます。聞き手はそれまでの偏見に満ちたイメージと、目の前の「感じのいい人物」のギャップに突然気づかされるのです。

そして彼らは「本当はどんな人物なのか」を探るために、私たちの発言に細心の注意を払うようになります。つまり、いきなり先入観を覆せば、相手から新鮮な目で見てもらえるようになるのです。

2 「自分の声に耳を傾けてくれた」という印象を与えられる

聞き手に一方的に話しかけている間、私たちはその場の主導権を握っています。私たちは会話を自由にコントロールし、人々の頭の中に概念を描き出していきます。

これらの概念と聞き手の世界観の間にズレが生じると、彼らは不満を覚えます。その場合、聞き手は私たちの言葉を遮り、その概念を修正しようとするかもしれません。

しかしその一方で、あえて反論しない人々もいます。彼らはもはや私たちの話に耳を傾けるつもりはないのでしょう。

「輪」のテクニックを使い、冒頭で聞き手の世界観を肯定しておけば、私たちが描き出す概念に対して彼らがズレを感じる可能性は低くなります。たとえ私たちが一方的にしゃべっていたとしても、相手に対する共感をきちんと示せば、彼らは「自分の声に耳を傾けてくれた」という印象を抱くようになるのです。

3　口論を避けることができる

「輪」のテクニックを使えば、口論を避けることができます。

議論を展開したり、組み立てたりするのは大いに結構ですが、誰かと口論になった場合には、潜在的にトラブルを抱えることになります。

なぜなら、口論が始まった瞬間に、説得という行為は終了してしまうからです。

かつて心理学者のドリュー・ウェステンを含む研究者グループは、ある示唆に富む実験を行いました。それは2004年、白熱した大統領選の最中のことでした。研究者たちはジョージ・W・ブッシュとジョン・ケリーのそれぞれの支持者に、ひいきの候補者が矛盾した発言をしている場面の映像を見てもらい、そのときの脳のMRI画像を調べてみました。

自らの世界観に反する情報を目撃した瞬間、彼らの脳にはいったい何が起こったのでしょうか？　実は、彼らがその映像と自分の世界観の矛盾に気づいたとたん、脳の論理や理性をつかさどる部位の活性度が低下してしまったのです。そして怒りや恐怖などの本能的な反応をつかさどる部位が活性化を見せたのでした。

議論が口論に発展してしまった場合にも、同じことが起こります。それはもはや論理による説得ではなく、単なる口げんかにすぎません。

いったんこうなると、口論に付き物の独特の精神状態がもたらされます。誰も論理的な正しさなど気に留めなくなり、「敵か味方か」ということだけがクローズアップされてしまうのです。

したがって、**意見を異にする相手を説得する場合、口論に走ることは、すなわち敗**

北を意味することになります。

人を説得するための最善策は、けんか腰になるのを避け、友好的な話し合いを保つことです。相手に口論を仕掛けさせてはいけません。冷静さを保ち、きな臭い雰囲気になるのを防ぎましょう。絶えず互いの共通点を指摘し、相手への共感を示すように心がけるべきです。そして、常に感じのいい態度を維持するようにしましょう。なぜなら、口論を避けることこそが、議論に勝つための鍵だからです。

最後にもう一つ、「輪」のテクニックの特筆すべきメリットをあげておきましょう。

非言語シグナルの場合、「温かさ」を発揮することは、「強さ」の面ではマイナスに働きます。しかし、言葉によって「温かさ」を発揮すること（聞き手の価値観を肯定し、相手の「輪」に入ること）は、むしろ「強さ」をアピールするチャンスをもたらしてくれます。それをきっかけにして、メッセージの説得力が格段に高まり、より「強さ」を発揮できるようになるからです。

ユーモアのあるストーリーテラーになる

「強さ」と「温かさ」を同時に自ずと発揮できるレトリック形式が二つあります。それは「物語」と「ユーモア」です。

物語が思考や感情、アイデアを伝えるための強力な手段であることは周知の事実です。イソップからイエス・キリストにいたるまで、あらゆるストーリーテラーが理解していたこと——それは物語や寓話を使えば、メッセージを理解したり、回想したり、広めたりするのが簡単になるということです。

では、物語のどこに「強さ」や「温かさ」が宿っているのでしょうか？

私たちの脳に生まれつきストーリーテリングの機能が備わっていることは、大量の研究結果によって実証されています。

友人に向かって好きな映画のストーリーを語ることは、「経営戦略の五つのポイント」を並べ立てることよりずっと簡単です。なぜなら、物語を生み出しているさまざまな仕掛け、ヒーローと悪役、プロットやサブプロットは私たちを虜にする力をもっているからです。

したがって、物語は、相手の「輪」に入り込むのにうってつけの方法だと言えます。

物語という形式には、私たちの批判精神を和らげ、警戒心を解く働きがあります。

何しろ私たちは幼い頃からずっと物語を聞いて育ってきたのです。他人と物語を分かち合うことは、本質的に「温かみ」を伴った経験だと言えるでしょう。

物語が最も効果を発揮するのは、聞き手の心の中にストーリーの視覚イメージが生き生きと描き出されている場合です。

筆者のパートナーであるセスいわく、「優れた物語は『トロイの木馬』の役割を果たしている」そうです。つまり、それは私たちの心の中にいつの間にか潜入し、その価値観を大きく揺さぶってくるのです。

物語を語ることは、聞き手に贈り物の入った箱を渡すことに似ています。その箱の中に「大量のメッセージや価値観」が詰まっていることに気づいたときにはすでに、彼らはすっかり話に引き込まれ、物語の行方を固唾を飲んで見守っているのです。そういうわけで、ストーリーテリング能力の高さは、その人の有能さの証であると言えます。こうした能力を身につけた人々は、最も強力な説得術を意のままに使いこなせるようになるのです。

人々は物語に突き動かされ、その結果、リーダーに従ったり、貯蓄を投資に注ぎ込んだり、ある候補者に投票したり、慈善事業を支援したりするようになります。それはまさに「強さ」そのものです。

ストーリーテリングは、「強さ」や「温かさ」の非言語シグナルをアピールする絶好の機会でもあります。対立や衝突が生じる場面では、「強さ」の非言語シグナルを発することによって、聞き手の感情に強く訴えることができます。

また、物語がハッピーエンドで終われば、話し手に対するイメージも「温かみ」に満ちたものになります。日常的にあまり衝突や対立を経験せずにすんでいる場合や、「温かさのアピール」が疑いの目で見られてしまうような環境の中にいる場合、物語を語ることは、「強さ」と「温かさ」を兼ね備えていることを聞き手に示す貴重な手段の一つだと言えるでしょう。

さらにユーモアを取り入れれば「強さ」と「温かさ」を同時に発揮できます。なぜなら、それによって巧みな話術を披露できるだけでなく、「笑い」という感情体験を共有できるからです。

私たちは人を笑わせる能力のある人、とりわけそれを武器にできるほど頭の回転が速い人に対して一目置いています。また、彼らの周りには多くの人々が集まってきます。自分がジョークのネタにされない限り、彼らほど一緒にいて楽しい人物はいないからです。

通常、職場において最も有効なのは「自虐的ユーモア」だとされています。こうしたユーモアであれば、肩の力の抜けた人物という印象を与えることができ、他人の感情を害する恐れもありません。タイミングのいいジョークやユーモラスなエピソードは、会議の緊迫した雰囲気を和らげるのにうってつけの方法だと言えます。

また、ユーモアには人々を結びつける働きがあります。それを理解できる者だけが「輪」の中に入ることができ、理解できない者は「輪」の外に追い出されてしまうのです。いわゆる「内輪ネタ」がこれに当たります。

こうしたジョークには、往々にして「オチ」がありません。誰かが言ったくだらないセリフがたまたま爆笑を誘ったために、他の人がそれをまねし始めたといったケースが多いからです。

しかし、いったんこの種の「ネタ」が確立されれば、内輪の人間はジョークがわからずにきょとんとしている「よそ者」たちを見て、ニヤニヤできるようになります。こういった「仲間外れ」は、誰かが意地悪なジョークのネタにされている場合にも起こります。その人物はすでに「輪」の外側へ追いやられてしまっているのです。

さらなるステップのために

「ミネソタの大草原に小さな町があります。そこでは女性はみな強く、男性はみなハンサムで、子供たちはみな平均以上の学力をもっています」

ギャリソン・キーラの小説『レイク・ウォビゴンの人々』（熊谷鉱司訳、東京書籍、1993年）に出てくる架空の町の描写は、人々の陥りがちな心理を見事に言い当てています。つまり、**多くの人々は自分のことをさまざまな点で「平均以上の人間」だと考えているのです。**

社会心理学者はこうした歪んだ自己認識を「レイク・ウォビゴン効果」と呼んでい

ます。人はみな、自らの能力を過大視する傾向があります。自分の車の運転の上手さや頭の良さを「平均以下」だと考えている人間はほとんどいません。しかし本来、「平均以上」と「平均以下」の人々の割合は、半々になるはずです。

ところが、グループ全体で仕事に取り組む場合、私たちは自分自身の貢献度をその他のメンバーや第三者よりも高く見積もるところがあります。こうした傾向は、年齢や教養、知性にかかわらず、誰にでも見受けられます。

「温かさ」に関して言えば、多くの人々は自分自身を「善良で良識のある人間」と見なしています。

いかがわしい行為に手を染める場合には、人々は何らかの合理的な理由をもち出して、自分の行動と「善良な自己イメージ」の折り合いをつけようとします。また、私たちは「相手が自分の善意を頭から信じてくれるとは限らない」という事実をつい見落としてしまう傾向があります。

「強さ」をアピールする際は、さまざまな「目くらまし」を使って弱さをカモフラージュしています。人は自分のことを「強い人間」だと思いたいものだからです。

「輪」のテクニックを効果的に活用し、さらにステップアップするには、このことを念頭に置いて、もう一度徹底的に自分を見つめ直すことが必要です。

自分の行動パターンを見つめ直す

では、自分が世間に与えているイメージを知るには一体どうすればいいのでしょうか？　一つのアプローチとして、いくつかの問いを投げかけてみるという方法があります。


「社会において、自分はどれくらい大きな役割を占めているか？」

「自分は何かを依頼する立場か？　それとも命令する立場か？」

「他人の提案を拒否する権利が自分にあるか？」

「最もパワフルな気分になるのはどんなときか？　自分のパワーを引き出してくれる特定の活動はあるか？」

「そうした瞬間の自分のことを知っているのは誰か？」

「そのときのパワフルな気分を必要に応じて呼び起こし、自信を取り戻すことは可能か？」

同様に、次のような「温かさ」に関する問いも投げかけてみるといいでしょう。


「他人と心が通じ合っているか？」

「彼らとどれくらいの時間を一緒に過ごしているか？」

「一日に何回笑うか？」

「最も幸せな気分になるのはどんなときか？」

「温かい気持ちを引き出してくれる活動はあるか？」

「そうした瞬間を誰と分かち合っているか？」

「そのときの温かい気持ちを必要に応じて呼び起こし、他人と分かち合うことは可能か？」


読者の一部は、自分の恋愛パターンに「強さ」と「温かさ」のバランスが欠けていることをすでに自覚しているかもしれません。

いつも同じような形で別れを迎えてしまう人は、これまでの関係に共通するパターンを見つめ直してみる必要があります。過去の恋愛において、「愛情」と「敬意」の割合はほぼ同等だったでしょうか？

上司や同僚との関係についても同じことが言えます。

たとえば、実績をあげているにもかかわらず、周りからなかなか注目してもらえないのは、「実績さえあげればアピールなどいらない」と考えているせいかもしれません。もしくは、実際には、もっと努力して自分の存在を知らしめる必要があるかもしれません。

こうしたパターンは時として私たちの性格の根幹を成しており、変えるのには長い時間を要する場合もあります。

最も簡単に、客観的に自分を見つめ直せる方法が二つあります。

1　カメラがとらえた自分の姿を観察する

自分が写った写真やビデオを観察してみましょう。

これは鏡を見ることとは別物です。鏡を見るとき、人は無意識のうちに姿勢や表情

（ときには髪形）を修正し、「最も見栄えのいい顔」をつくり出しているからです。

写真は、しっかりとポーズを決めたものではなく、ありのままの姿をとらえたスナップ写真で、自分の姿が他人の目にどう映っているのかを確かめるようにしてください。

写真やビデオの中の自分を、一人の人物として客観的に眺め、その人物からどんな印象を受けるか自分に問いかけてみましょう。注目すべきは第一印象です。その人物から伝わってくるのは「強さ」でしょうか？　それとも「弱さ」でしょうか？　「温かい人」でしょうか？　それとも、「冷たい人」でしょうか？

程度の差はあれ、誰もが一定の「強さ（弱さ）」や「温かさ（冷たさ）」を発揮しているはずです。

本書で取り上げた一連の「強さ」「温かさ」のシグナルをチェックリストとして使用し、自分自身を他人の目から眺め、その第一印象で自分に何が欠けているのかを突き止めるといいでしょう。

自分がどのような「強さ」や「温かさ」のシグナルを発しているのかがはっきりすれば、その反省を生かして、今まで以上に素晴らしいパフォーマンスを発揮できるようになるでしょう。

2　友人の助けを借りる

身近な人物は、本人よりもその人のことをよくわかっているものです。研究によれば、本人に自己評価させるよりも、友人から聞き取り調査をしたほうが、より正確な人物像をつかめる場合が多いのだそうです。

信頼のおける人物から率直なフィードバックを得ることは非常に有益ですが、それを実行するのは必ずしも簡単ではありません。

両親、配偶者、兄弟といった人々はあまりにも身近すぎて、客観性に欠けるきらいがあります。また、頼りになるはずの親友は、気分を害するような意見をなかなか口にしたがらないものです。

信頼できる人物に意見を求める際には、慎重なアプローチが求められます。率直な意見を聞くということは、友人を気まずい立場に追いこむことだと理解し、相手がどんな意見を口にしても、それに対して感謝と共感を示すようにしましょう。

自分に対する「褒め言葉」や「慰めの言葉」を誘い出そうとしてはいけません。なぜ彼らに意見を求めているのかをきちんと説明し、自分に欠点があることは承知ずみだと伝えることが重要です。

「最近、他の人と心が通じ合わないことが多くて、何が原因なのか知りたいと思っているんだ。無意識のうちに不用意な発言をしてしまっているんだろうか？　周りの人とテンションがずれてしまっているんだろうか？　具体的な例はあげられないけれど、何かコミュニケーションがうまくいっていない気がするんだよ」

自分から先にいくつかの答えを提起しておけば、友人は自ら答えを切り出さなくてもすむようになります。また、あなたの提起した答え（自分の欠点）が的外れなものであった場合、友人はそれらを訂正することによって、あなたを安心させることができます。

いったん相手が話し始めたら、その意見にじっくりと耳を傾けましょう。ただし、友人の発する一言一言に過剰反応しないようにしてください。過度の自己批判に走ることは、精神衛生上よくありません。たとえ親友の意見であっても、それは一つの意見にすぎないのです。

ためになるフィードバックを得たと感じたときは、自分が受け取った内容を友人に説明し、その解釈が本当に正しいかどうか確かめるようにしましょう。仮に建設的な批判を山ほど受けたとしても、悲観することはありません。新しい視点を獲得できただけでも、以前よりは一歩前進したと言えるからです。

すべての問題を一気に解決しようとする必要はありません。貴重なフィードバックを得た今、あなたには今後の道筋がはっきりと見えているはずです。

自己コーチング

自己変革のプロセスにおいて、自分が正しいシグナルを発しているかどうかを指摘してくれる「コーチ」の存在はありがたいものです。とはいえ、専属コーチを雇えるほどの富豪でもない限り、常にコーチをはべらせ助言を求めるわけにもいきません。

筆者がクライアントのコーチングを行う場合、その主たる目的は相手に「自己コーチング術」を身につけさせることです。

本書を読むことによって、コーチングを受けたときと全く同じ体験が得られるというわけではありません。

しかし適切な訓練を積めば、「意志」の力が鍛えられるのと同様に、自己コーチング力も鍛えられるものです。

大事なポイントについては今までお話ししてきた通りですので、あとは不安をなるべく取り払うことでしょう。

たいていの人々は「人前での立ち居振る舞い」に関して、ある程度の不安を覚えています。それは多くの聴衆を前にしたときだけでなく、就職面接や商談のようなプレッシャーのかかる場面においても言えることです。しかし、心配することはありません。そうした不安を抱えたままでも、周りの人々に好印象を与えることはできるのです。

不安や緊張感があるのは当たり前のことです。それらをうまく手なずけて、できることから実践していきましょう。

クラーク・ケントの電話ボックス

COLUMN 4

「強さ」と「温かさ」を発揮する際の現実的課題としてあげられるのが、**いざというときに「適切な精神状態」をつくり出す**ことです。

私たちはさまざまな不安を乗り越え、心の内側から真の「強さ」や「温かさ」がわき上がってくるような精神状態を生み出さなければなりません。

多くの人々が時折こうした気分——万事順調で、不可能なことは何もないといった境地を味わいます。そしてその気分を後々まで覚えています。この種の精神状態を意識的につくり出す秘訣の一つは、**周りの人々からいったん離れ、一人きりになり、以前に味わった気分を思い出すことです。当時の記憶をできるだけ鮮明に思い浮かべ、もう一度その境地を呼び起こす**のです。

筆者のクライアントの中には、そうした精神状態をつくり出すために、自らの「完璧な瞬間」を思い起こさせるような写真やビデオクリップを持ち歩いている人もいます。電話ボックスにさっと駆け込み、スーパーマンに変身するクラーク・ケントのように、一瞬の精神統一をはかることで、落ち着きと自信に満ちた、もう一人の自分に変身することができるはずです。

「強さ」に満ちた人は尊敬を集め、「温かさ」に満ちた人は共感を得ることができます。この二つが組み合わさったときには、単なる「足し算」以上の力を発揮することが可能になります。

「温かさ」と「強さ」が組み合わさることによって、他人からの評価が有利に運べるだけでなく、自分の内面も磨かれるのです。両方を手にした人は常に幸福感に満たされますし、一人でいるときに心細さを感じたりもしません。新しい経験を率先して受け入れる器の大きさも生まれます。

そうなると、他人に与える影響もまた変わってきます。

人々は「温かい人」に対して一体感を抱き、「あの人は自分の味方だ」と感じます。そして、「温かさ」に「強さ」が加わったとき、彼らは安堵を覚えるのです。「いざというときに、あの人はその『強さ』を発揮して、私たちを守ってくれるだろう」と。

また、人々は「強い人」に対して敬意を抱きます。その人物が「温かさ」を示し、自分たちを「称賛に値する仲間」として扱ってくれた場合、自分自身も「強い人」になったような気分を味わうことができます。

「強さ」と「温かさ」を同時に発揮している人は、私たちにポジティブな気分や大いなる安心感をもたらしてくれます。彼らはその存在自体が、人々への「贈り物」なのです。

「強さ」と「温かさ」の根幹はつながっています。

「強さ」は「温かさ」を発揮することを可能にします。「強さ」があるからこそ、「温かさ」を発揮するだけのゆとりが生まれるのです。「温かさ」は私たちの傷を癒し、「強さ」を発揮するために必要な心の拠り所を与えてくれます。

「強さ」と「温かさ」には、それぞれ個別のメリットがあります。しかし、最もメリットが大きいのは、それらが同時に発揮されたときなのです。

私たちは生まれながらにして「温かさ」を発揮する能力をもっています。赤ちゃんの初めての笑顔が、母親にどれほどの影響を及ぼすか、言うまでもないでしょう。

また赤ちゃんは、泣くこと以外に「強さ」を発揮する手段を全くもち合わせていません。完全に母親に依存しています。

そして少しずつ「強さを獲得するプロセス」が始まり、遊び場を駆け回る頃には、すでに仲間の「腕力」や「意志の強さ」を品定めするようになります。

こうしたプロセスは思春期を経て青年期まで続きます（多くの文化ではこの時点で「通過儀礼」が行われ、少年少女は肉体的、あるいは知的な「強さ」を発揮することを求められます）。

青年後期から成人初期にかけて、肉体的な「強さ」のピークに達します。その時点では「職務能力」や「ソーシャルスキル」といった種類の「強さ」は、まだ開花し始めたばかりです。

さらに、これらのプロセスと並行して、「温かさ」を身につけていきます。

徐々に「自己中心性」を脱し、他者が自分とは違った視点や感情をもっていることを理解し始めます。

成長する過程で、私たちは友情を育む方法や、他人への感情移入の仕方、異性との付き合い方などを学んでいくのです。

交際範囲が広がるにつれて、私たちはさまざまな集団に加わり、志を同じくする人々と絆を結ぼうとします。

「強さ」や「温かさ」は、いわば「生理現象」の一つであり、そこにはホルモンという、切っても切り離せない生物学的根拠があります。これらのホルモン（テストステロンやエストロゲン、アドレナリン、コルチゾールなど）は体格から立ち居振る舞いにいたるまで、あらゆる物事を左右します。

「強さ」と「温かさ」のどちらか一方を重視するという選択肢もないわけではありませんが、人生のあらゆる局面では、常にその両方の要素が試されます。

ここで注意しておかなければならないのは、**「強さ」や「温かさ」は、本質的に良いものでもなければ悪いものでもない**ということです。すべては、それを発揮する人間の意図次第です。

自らの人生において「強さ」や「温かさ」をどう活用すべきかを考える際には、まず自分の気持ちを再確認する必要があります。

「自分はどんな人間になりたいのか？」
「何を成し遂げたいのか？」
「『強さ』を使って他人に尽くしたいのか？」
「『温かさ』によって衝突を最小限に抑えたいのか？」

答えを出せるのはあなただけです。しかも、それは決して単純な問いではありません。自分自身の気持ち（温かさ）に徹底的に正直になるためには、勇気（強さ）が必要です。

日頃から「強さ」と「温かさ」の双方に磨きをかけている人々、つまり高度な能力を発揮しつつ、他者への惜しみない配慮を忘れない人々は、極めて充実した人生を送っています。

彼らのような称賛に値する人間に近づきたいならば、今がそのときです。

本書がその手引きになることを祈っています。

本書は、２０１５年に刊行した『人の心を一瞬でつかむ方法』（あさ出版）を改題、改編したものです。

著者紹介

ジョン・ネフィンジャー
マシュー・コフート

企業幹部や国会議員、テレビタレントなどをクライアントに持つスピーチコンサルティング会社、「KNP コミュニケーションズ」の共同創設者。ハーバード・ビジネス・スクール等の大学で定期的に講義を行うかたわら、各種のメディアにおいてコメンテーターを務めている。両氏ともにワシントン D.C. 在住。

訳者紹介

熊谷小百合（くまがい・さゆり）

翻訳家。南山大学文学部英語学・英文科卒。主な訳書に『ユーラシア「超大陸」の地政学』（東京堂出版）、『エリート・マインド「勝ち抜く」力！』（日本文芸社）、『イルミネート：道を照らせ。―変革を導くリーダーが持つべきストーリーテリング法』（ビー・エヌ・エヌ新社）、『プレゼンテーション zen』（丸善出版）などがある。

人《ひと》の心《こころ》は一瞬《いっしゅん》でつかめる
「強《つよ》さ」と「温《あたた》かさ」　人《ひと》を惹《ひ》きつける心理術《しんりじゅつ》　〈検印省略〉

2021年　4　月　20　日　第　1　刷発行

著　者――ジョン・ネフィンジャー／マシュー・コフート
発行者――佐藤 和夫

発行所――株式会社あさ出版
〒171-0022　東京都豊島区南池袋 2-9-9 第一池袋ホワイトビル 6F
電　話　03 (3983) 3225（販売）
　　　　03 (3983) 3227（編集）
F A X　03 (3983) 3226
U R L　http://www.asa21.com/
E-mail　info@asa21.com
振　替　00160-1-720619

印刷・製本（株）光邦

facebook　http://www.facebook.com/asapublishing
twitter　http://twitter.com/asapublishing

ISBN978-4-86667-279-3 C2034